KB236679

Start! 韓国語

改訂2版

스타트! 한국어
STEP ❶

崔琼愛 著

CDはダウンロード　　cafe.naver.com/jychoi.cafe

북갤러리

はじめに

　本書は、大学で第2外国語として初めて韓国語を学ぶ学生をはじめ、韓国語講座の一般受講生および独学で学ぶ人を対象に作成した〈韓国語入門テキスト〉です。

　本書を書く際には、大学で教えてきた経験に基づき、実践的な内容で易しく楽しく韓国語が学べるようにいろいろと工夫しました。

　また、ハングルが誕生した歴史的な背景(経緯)、韓国語を学ぶのに必須である子音・母音の書き方やそれぞれの正確な発音などをわかりやすく説明してあります。

　本書は15課で構成されていて、🖭 で表示した部分はCDに収録されています。

　本書の特色は次の諸点にあります。

1. 本文

　外国人学習者にとって最も難しく感じるのが会話文ですが、各課とも日常的なテ–マを取り入れ、より自然な会話文で構成し、異なるスピ–ドで2回ずつ収録しました。繰り返し聞くことによって、韓国語リズムに慣れるようにしてあります。

2. 発音と新しい語彙

　本文中に出てきた、文字と異なる発音はハングルで表示し、新しい語彙は日本語訳を付けました。動詞・形容詞などの用言は、活用形を基本形とともに説明してあります。

3. この課の文法と文型

　各課で取り上げた文法と文型をわかり易く説明した後、続いて練習問題を付けました。書いた後に発音練習をするようにし、〈書く力〉と〈話す力〉を養うように配慮しました。

4. ドリル

　その課の文型と文章を身につけるために〈書く〉ことに重点をおいて構成しました。大学では宿題用に、独学の場合は自習用として使えるように各課に付けてあります。

5. 練習問題

　6課から各課末に提示してある練習問題は、〈書く力〉と〈聞く力〉を高めるために作文と書き取り・聞き取りとしてまとめました。正確な発音も習得できるようにCDにも収録してありますので、単語だけではなく文章の聞き取り練習にも役立つでしょう。

6. 総合練習問題

　5課ごとに総合練習問題を設けました。それまで学んだ内容(読む、書く、聞く)を復習するもので、大学では平常点チェック用テストとして、また独学の場合は学習完成度チェック用として使えるでしょう。

7. その他

　各課の本文で取り上げた内容と関連のある事柄(職業・国名・韓国文化等)は、その都度、できるだけ説明を付けました。また、漢字語は[　]で表示し、学習者の便宜を図りました。

8. 索引

　巻末に日本語→韓国語、韓国語→日本語の語彙リストをつけましたので、できるだけ語彙リストを利用しましょう。但し、正確な意味と活用を身に付けるために辞書を使うことをお勧めします。

　最近、韓国と日本は地理的距離ほど文化的距離も縮まりつつあります。より親密な関係になるためには、相互理解が必要ですが、その第一歩は〈言葉〉であると言えるでしょう。
　大学での経験を土台に、楽しく韓国語を学びたいとの学習者の要望に耳を傾けながら作成したこのテキストが、　皆様の韓国への理解に少しでも役に立てれば幸いです。

　最後に、本書の出版にあたり、様々な方のお世話になりました。
　まず、授業を通じ多様な質問をしてくれた学生や一般受講生の方々、そして、多忙にもかかわらず快くイラストを描いて下さった梁銀珠氏、著者のさまざまな願いを聞き入れて下さったブックギャラリー編集責任者の玄論姃氏に深く感謝申し上げます。・・・・・・・・・・・・・・・

著者　崔琼愛

머리말

이 책은 일본의 대학에서 제2 외국어로 한국어를 학습하는 학생과 한국어강좌를 수강 중인 일반인 그리고 한국어에 관심은 있으나 여러 여건으로 인해 독학해야 하는 이를 대상으로 집필한 〈한국어 입문 교재〉입니다.

지금까지 대학에서 가르친 경험을 토대로 실전적인 내용을 쉽고 재미있게 배울 수 있도록 여러 모로 궁리하여 살을 덧붙인 실전용 교재라고 할 수 있습니다.

그리고 한글이 탄생된 역사적 배경, 한국어를 공부하는 데 필요한 자·모음 쓰는 방법, 자·모음의 실제 발음 등을 알기 쉽게 설명했습니다.

본 교재는 모두 15과로 구성되어 있으며 CD에 담은 부분은 ● 로 표시했습니다. 교재의 특징은 다음과 같습니다.

1. 본문

외국인 학습자에게 가장 어려운 것이 대화문인데, 각 과마다 일상적인 테마를 보다 자연스러운 회화문으로 구성, 스피드를 달리하여 두번씩 녹음했습니다. 반복해서 들으면 자연스럽게 한국어와 친숙해질 수 있을 것입니다.

2. 발음과 새 어휘

본문에 있는 문자와 다르게 발음되는 어구의 발음을 한글로 제시하고, 새로운 어휘는 일본어로 번역했습니다. 동사·형용사 등의 용언은 해당 과에서 다루어지는 활용형을 기본형과 함께 설명했습니다.

3. 이 과의 문형과 문법

각 과의 주요 문형을 알기 쉽게 설명한 후 연이어 연습문제를 제시하였습니다. 직접 쓰고 발음 연습을 하도록 하여 쓰기와 말하기 연습이 되도록 구성했습니다.

4. 드릴

각 과에서 다룬 문형과 문장에 친숙해질 수 있도록 쓰기에 중점을 두어 구성했습니다. 이 드릴은 대학에서는 숙제용으로, 독학 학습자에게는 자습용으로 사용할 수 있게 1과~15과까지 모든 과에 넣었습니다.

5. 연습문제

6과부터 각 과 마지막에 제시되어 있는 연습문제는 드릴에서 학습한 것을 쓰기 연습 (작문)과 듣기 연습 (받아쓰기와 듣기)으로 구성하여, 정확한 발음을 습득할 수 있도록 했습니다.

6. 종합연습

5과마다 종합연습문제를 제시했습니다. 그 동안 학습한 내용(읽기 / 듣기 / 쓰기)을 복습하는 것으로, 대학 수업에서는 평상점 체크 테스트용으로, 독학 학습자에게는 본인의 학습 완성도를 체크하는 것으로 쓸 수 있게 했습니다.

7. 그 외

각과의 본문에서 다룬 내용과 관련있는 것(직업·나라 이름·한국 문화 등)은 그때그때 가능한 한 설명을 붙였습니다. 그리고 한자어는 [   ]로 표시하여 학습자의 편의를 도모했습니다.

8. 색인

책 끝에 일본어 → 한국어, 한국어 →일본어 인텍스를 넣었으니, 가급적이면 색인을 이용하도록 합시다. 그렇지만 가능하면 사전을 사용해서 정확한 뜻과 활용을 습득하기 바랍니다.

최근 한국과 일본은 지리적 거리만큼 문화적 거리도 가까워지고 있습니다. 보다 가까운 두 나라가 되기 위해서는 서로에 대한 이해가 바탕이 되어야 한다고 봅니다. 첫 관문은 바로 언어일 것입니다.

쉽고 재미있게 한국어를 배우고 싶어하는 학습자들의 요구를 고려하여 일본의 대학과 일반인 강좌에서 가르친 경험을 토대로 만든 이 교재가 여러분들이 한국을 이해하는데 작으나마 도움이 되길 바랍니다.

끝으로 이 책이 출판되기까지 많은 분들의 도움을 받았습니다.

먼저, 수업시간을 통해서 여러 가지 질문과 의견을 준 학생들과 각 강좌 수강자 그리고 바쁜 중에도 흔쾌히 일러스트를 그려준 양은주 씨와 저자의 많은 요구를 들어주신 〈북갤러리〉의 편집 책임자 현유주 씨에게 깊이 감사 드립니다.

저자 최 경 애

C·O·N·T·E·N·T·S

START ! 한국어

START！한국어

C·O·N·T·E·N·T·S

文字の誕生

　韓国語を学習するには、ハングル(한글)を習得しなければなりません。まず、韓国固有の文字であるハングルがどのようにして誕生したのか、その背景を簡単にまとめてみましょう。

　ハングルが誕生したのは、朝鮮王国第4代国王の世宗(세종,1397～1450,在位1418～1450)の時代でした。朝鮮では、古くから漢字を使って文字を綴っていましたが、中国の文字である漢字で、言語構造も違う朝鮮語を書き表すことは、話し言葉と書き言葉が違っていて、とても不便でした。さらに漢字を学ぶことができたのは一部の知識人だけで、ほとんどの一般の人々は文章を書くことができませんでした。そこで、このような長年の問題点を解消し、朝鮮の言葉を表現するのに最もふさわしい新しい文字が求められました。

世宗大王

집현전[集賢殿]

　さらに、固有の文字を持つことによって、一般の人々の知識や文化を向上させることを目的とし、文字の創製に取り組むことになりました。それを推し進めたのは、朝鮮王朝第4代国王、世宗でした。文字を創製するための研究は、集賢殿(집현전)という所で行われました。世宗は、集賢殿に13人の学者を集め、文字の研究をさせたのです。

　そして、ついに1443年にハングルが創製され、3年間のテスト期間を経て、1446年に国字として制定されました。

　当時、ハングルは『訓民正音』(훈민정음)と呼ばれましたが、「訓」は教えるという意味、「民」は一般の人々を指します。ですから『訓民正音』とは「民に正しい音を教える」という意味で、ハングルが作られた目的を表す名称でした。その序文には、朝鮮の言葉にふさわしい新しい文字を作るとの民族自主精神と、一般の人々も文字を書けるよ

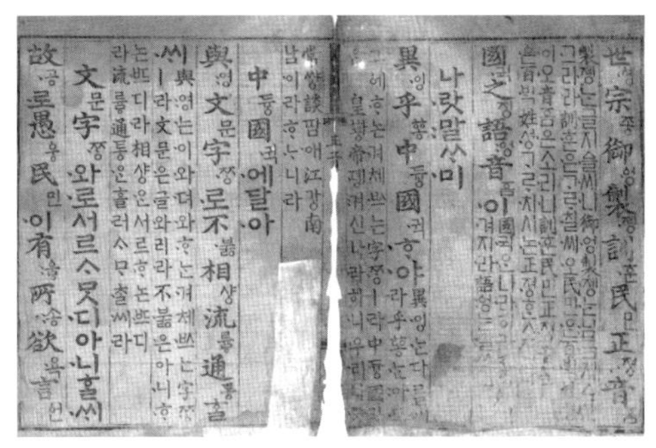

훈민정음[訓民正音]

うにしたいとの民を思う民本主義がよく現れています。

　現在、韓国語の文字は、大韓民国では「한글ハングル」と呼ばれ、朝鮮民主主義人民共和国では「조선글(チョウセングル)」と呼ばれています。「ハングル」という名称は、1913年頃、韓国語研究者であった周時経(ヂュ・シギョン)が考案したといわれ、ハングルの「ハン」は「中心となる」「大きな」「一つしかない」などという意味で、「グル」は「文字」を指す純粋な韓国語です。そして大韓民国では、韓国特有な文字の創製という、この偉大な業績をたたえて、「訓民正音」が頒布された10月9日を「ハングルの日」として定めています。

　ハングルの誕生によって、言葉として話される韓国語を発音のままに書き表せるようになりました。ハングルは、世界の歴史の中で最も新しい文字であり、独創性と科学性に基づいて創製された文字であります。では、具体的に文字の構成を見ていきましょう。

韓国語とは？

◯ 韓国語の文字の名称：ハングル（한글）

          （日本語は　仮名、英語は　アルファベット）

◯ ハングル：朝鮮時代第4代国王、世宗の命令によって

       1443年に創製、1446年に頒布

  ハングルの意味 ： 大きな、中心となる、一つしかない文字

       言語学的にはAltaic（アルタイ）語に属する。

✳ 表音文字 ： ハングル、仮名、アルファベット等

✳ 表意文字 ： 漢字

✳ 音節文字 ： 人間の発話の最初単位である、音節ことに個々別々の

       文字が作られている文字

       （例：仮名）

✳ 音素文字 ： 音節をもう一段階小さい単位、つまり子音と母音に分け

       それぞれに文字が作られている文字

       （例：ハングル、アルファベット）

  制定当時は子音17字、母音11字であったが、その後4字がなくなり、現在は基本子音14字・基本母音10字に、合成子音5字・合成母音11字が加わり、計40文字から成る。

  ハングルの字形は、子音字は音声器官（唇、舌、声門など）の形をかたどって作られ、母音字は陰陽説に基づき、天・地・人の象形から作られている。

ハングルの仕組み / 基本母音

1-1　ハングルの原理

母音字は、

　丸い空を象って‘⌒ → •’

　地面の平らな形をまねて‘ー’

　人が立っている形をまねて‘ㅣ’と作られた。

舌の形や音によって‘•, ー, ㅣ’を組み合わせるが、

陽性と陰性の対立を考慮し、

陽性は上・右側に、陰性は下・左側に‘•’を付けて表した。

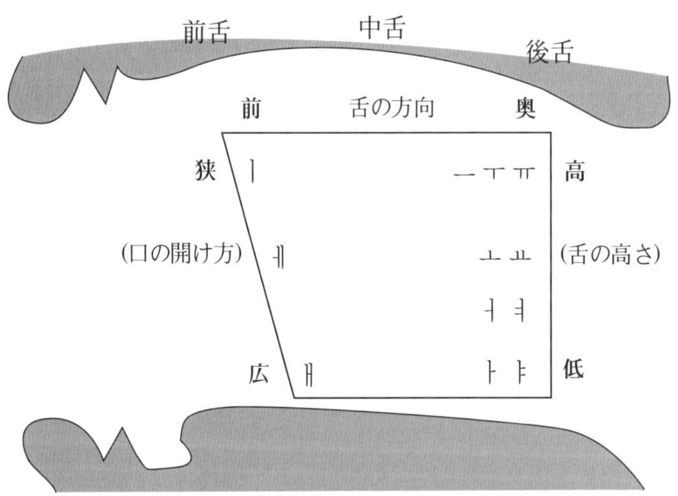

子音字は、

声門、舌、唇などの音声器官を象って作られた。

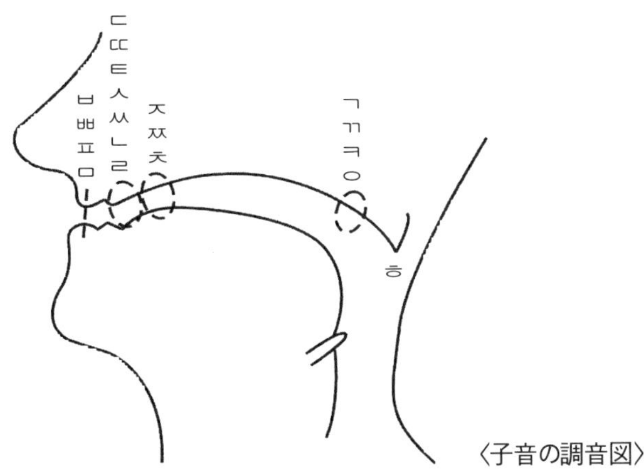

〈子音の調音図〉

子音は発音する位置と方法に上って次のように分類される。

調音方法＼調音位置			両唇音	歯茎音	硬口蓋音	軟口蓋音	喉音
無声音	破裂音	平音	ㅂ	ㄷ		ㄱ	
		濃音	ㅃ	ㄸ		ㄲ	
		激音	ㅍ	ㅌ		ㅋ	
	破擦音	平音			ㅈ		
		濃音			ㅉ		
		激音			ㅊ		
	摩擦音	平音		ㅅ			ㅎ
		濃音		ㅆ			
有声音	鼻音		ㅁ	ㄴ		ㅇ	
	流音				ㄹ		

基本母音(10個)： ト ト ㅓ ㅕ ㅗ ㅛ ㅜ ㅠ ㅡ ㅣ

基本子音(14個)： ㄱ ㄴ ㄷ ㄹ ㅁ ㅂ ㅅ ㅇ ㅈ ㅊ ㅋ ㅌ ㅍ ㅎ

① 母音のみ 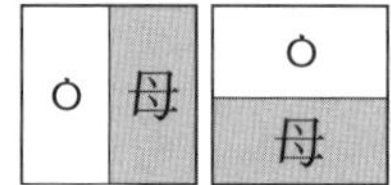 例)아이　오이　우유

② 子音＋母音 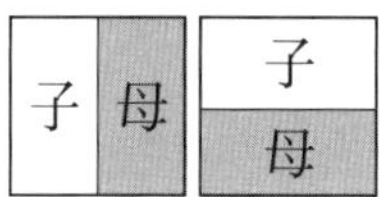 例)나무　바다　어머니

③ 子音＋母音＋子音 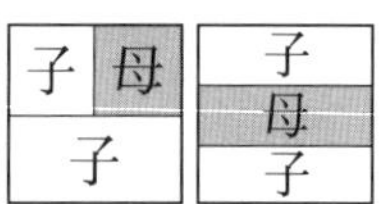 例)언니　대학　신문

④ 子音＋母音＋子音＋子音 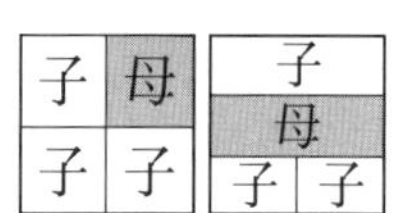 例)닭　몫

ポイント　◎ ローマ字と同じく、子音を表す文字と母音を表す文字が別である。

◎ 字を左右に組み合わせるか、上下に組み合わせるかは母音の種類による。

◎ 書き順は、「左から右へ」、「上から下へ」

◎ 「아야어여」の「ㅇ」の部分に「ㄱㄴㄷㄹ…」を入れれば、それぞれの文字ができる。

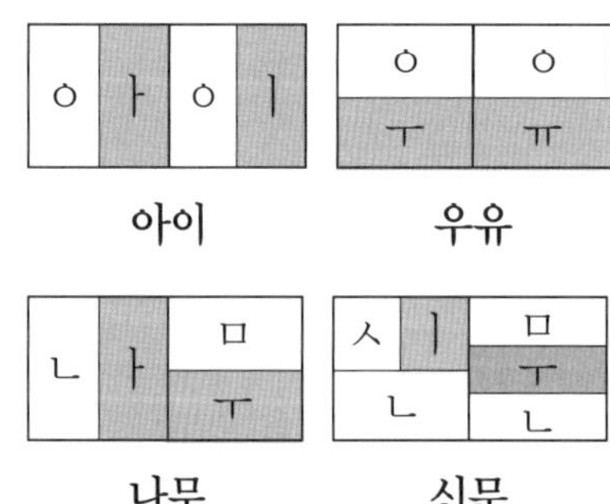

아이　　우유

나무　　신문

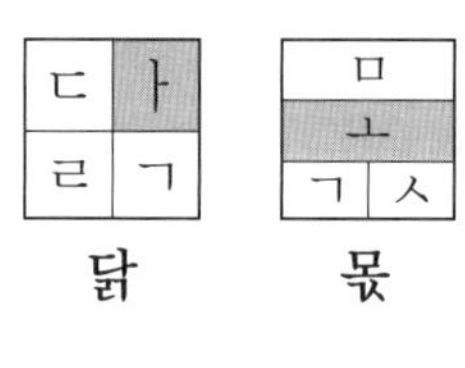

닭　　몫

1-3 基本単母音

[ㅏ ㅓ ㅗ ㅜ ㅡ ㅣ]

ㅏ	[a]	「ア」と同じ
ㅓ	[ə/ɔ]	「ア」と同じ口の形を少し小さくして下あごを引く
ㅗ	[o]	「オ」と同じ
ㅜ	[u]	唇を尖らせて「ウ」
ㅡ	[ɯ]	歯と唇を横に一字に並べて、やや下あごを突き出して「ウ」
ㅣ	[i]	「イ」と同じ

母音字だけ書くとき　　아　어　오　우　으　이

ㅇ[無し]　　母音だけを書く時、左または上に書き添える文字。

単母音の特徴：① 発音する際、音声器官の形を動かさないで発音するので、音に変化はない。

　　　　　　　② 舌の位置・高低・口の開き度合いによって分かれる。

> **ポイント**　　左右の아어(口を広げる)、上下の오우(唇を突き出す)、縦横の으이(口を横に引張る)は
> それぞれ似た口の形。

次の単母音を発音しながら書いてみよう。

▶基本単母音の書き順

	1	2	3	4		1	2	3	4
ㅏ	ㅣ	ㅏ			ㅜ	ㅜ	ㅜ		
ㅓ	ㅓ	ㅓ			ㅡ	ㅡ	ㅡ		
ㅗ	ㅗ	ㅗ			ㅣ	ㅣ			

1-4 基本二重母音

$$\text{ㅑ[ya]} \qquad \text{ㅕ[yɔ]} \qquad \text{ㅛ[yo]} \qquad \text{ㅠ[yu]}$$

ポイント　　1.「ㅏ,ㅓ,ㅗ,ㅜ」をヤ行の音で発音する。・
　　　　　　2.・が2つある母音はヤ行の音。

次の二重母音を発音しながら書いてみよう。

▶基本二重母音の書き順

	1	2	3	4	5		1	2	3	4	5
ㅑ	ㅣ	ㅏ	ㅑ			ㅛ	ㅣ	ㅐ	ㅛ		
ㅕ	ㅡ	ㅓ	ㅕ			ㅠ	ㅡ	ㅜ	ㅠ		

聞き取り練習

4 練習 1) 発音したのは二つのうちどちらか、○で囲いなさい。

　　　① 아우　아으　　　　② 오이　우이　　　　③ 으유　우유

5 練習 2) 母音をいくつか発音します。①~④の(　)の部分を埋めなさい。

　　　① 아　어　(　)　우　　　② 아　(　)　어　(　)

　　　③ 우　(　)　으　(　)　　　④ 야　(　)　(　)　(　)

ドリル1

✎ 書く練習　　次の単語を発音しながら書いてみよう。 -------------------------■

아우 妹/弟	아 우		
아이 子供	아 이		
야유 野次	야 유		
여우 きつね	여 우		
여유 [余裕]	여 유		
오이 キュウリ	오 이		
우유 [牛乳]	우 유		
유아 [乳児/幼児]	유 아		
이유 [理由/離乳]	이 유		

02

子音⑴ / 合成母音

2-1 平音

$$\daleth[k/g] \quad \daleth[t/d] \quad \beth[p/b] \quad \text{人}[s] \quad \text{ㅈ}[t\!\int/d_3(j)] \quad \text{ㅎ}[h]$$

▶平音の書き順

	1	2	3	4	5	6		1	2	3	4	5	6
ㄱ	ㄱ						人	ノ	人				
ㄷ	ー	ㄷ					ㅈ	フ	ㅈ				
ㅂ	ㅣ	ㅐ	ㅐ	ㅂ			ㅎ	ー	二	ㅎ			

▶平音に母音「ㅏ」をつけて発音してみよう。

가 다 바 사 자 하

▶**文字の形**　　左に書くとき　가 갸 거 겨 기

　　　　　　　　上に書くとき　고 교 구 규 그

ポイント　　　子音は母音の左か上に書く。四角の中にうまく入るようバランスよく書くこと。
注意　　　　　「자, 저, 조, 주」を発音するときは、日本語の「ジャ、ジョ、ジュ」の発音をしないように。

START! 한국어

練習 1) 次の単語を発音しながら書いてみましょう。

① 가구 _______________________　② 가사 _______________________
　[家具]　　　　　　　　　　　　　　　　[家事/歌詞/仮死]

③ 가지 _______________________　④ 고기 _______________________
　枝/ナス/種類　　　　　　　　　　　　　肉

⑤ 교사 _______________________　⑥ 구두 _______________________
　[教師]　　　　　　　　　　　　　　　　靴

⑦ 도시 _______________________　⑧ 두부 _______________________
　[都市]　　　　　　　　　　　　　　　　[豆腐]

⑨ 바다 _______________________　⑩ 바지 _______________________
　海　　　　　　　　　　　　　　　　　　ズボン

⑪ 보자기 _______________________　⑫ 부자 _______________________
　風呂敷　　　　　　　　　　　　　　　　金持ち

⑬ 비서 _______________________　⑭ 수도 _______________________
　[秘書]　　　　　　　　　　　　　　　　[首都 / 水道]

⑮ 자유 _______________________　⑯ 조사 _______________________
　[自由]　　　　　　　　　　　　　　　　[調査 / 弔詞]

⑰ 주사 _______________________　⑱ 주스 _______________________
　[注射]　　　　　　　　　　　　　　　　ジュース

⑲ 호수 _______________________　⑳ 휴지 _______________________
　[湖水]　　　　　　　　　　　　　　　　ちり紙

2-2 鼻音

$$\begin{array}{ccc} \text{ㄴ [n]} & \text{ㅁ [m]} & \text{ㅇ [−/ŋ]} \end{array}$$

▶鼻音の書き順

	1	2	3	4	5		1	2	3	4	5
ㄴ	ㄴ					ㅇ	ㅇ				
ㅁ	ㅣ	ㄲ	ㅁ								

▶鼻音に母音「ㅏ」をつけて発音してみよう。

7

나 마 아

> **ポイント**　鼻音は、文字通り鼻から抜ける音(日本語のナ行・マ行と同じ)
> 「ㅇ」は、語頭では無音、子音「ㅇ」の後に続くときは鼻濁音になる。

練習 2) 次の単語を発音しながら書いてみましょう。

① 나무 ＿＿＿＿＿＿＿＿＿　　② 나이 ＿＿＿＿＿＿＿＿＿
　　木　　　　　　　　　　　　　　年/年齢

③ 누나 ＿＿＿＿＿＿＿＿＿　　④ 모두 ＿＿＿＿＿＿＿＿＿
　　(弟からみて)姉　　　　　　　　全部/みんな

⑤ 모자 ＿＿＿＿＿＿＿＿＿　　⑥ 무 ＿＿＿＿＿＿＿＿＿
　　[帽子]　　　　　　　　　　　　大根

⑦ 아이 ＿＿＿＿＿＿＿＿＿　　⑧ 고양이 ＿＿＿＿＿＿＿＿＿
　　子供　　　　　　　　　　　　　ねこ

START! 한국어

$$ㄹ \ [r/l]$$

▶流音の書き順

	1	2	3	4	5
ㄹ	ㄱ	ㄹ	ㄹ		

8 ▶流音「ㄹ」に母音「ㅏ」をつけて発音してみよう。

라

ポイント 「ラ行」とほぼ同じ発音

練習 3) 次の単語を発音しながら書いてみましょう。

① 가루 _______________ ② 거리 _______________
　　粉　　　　　　　　　　　　　街/通り

③ 나라 _______________ ④ 다리 _______________
　　国　　　　　　　　　　　　　脚/橋

⑤ 머리 _______________ ⑥ 소리 _______________
　　頭　　　　　　　　　　　　　音/声音

⑦ 요리 _______________ ⑧ 우리 _______________
　　[料理]　　　　　　　　　　　私達

ㄱ ㄷ ㅂ ㅈ は, 語中(単語の始め以外)にくるときは、少し濁って発音されて言頭(単語の始め)にくるときの発音とは微妙に違う。

語頭　⇒　濁らずに発音(無声音)　[k, t, p, tʃ]

語中　⇒　濁って発音(有声音)　[g, d, b, dʒ/j]

기아	다리	부모	지도
[飢餓]	脚/橋	[父母]/両親	[地図]

휴가	바다	부부	바지
[休暇]	海	[夫婦]	ズボン

注意　　韓国語で濁音化するのは「ㄱ ㄷ ㅂ ㅈ」のみ。

練習 4) 次の単語を発音しながら書いてみましょう。

① 가지　＿＿＿＿＿＿＿＿＿　② 구두　＿＿＿＿＿＿＿＿＿
　枝/なす　　　　　　　　　　　　靴

③ 도시　＿＿＿＿＿＿＿＿＿　④ 아버지　＿＿＿＿＿＿＿
　[都市]　　　　　　　　　　　　お父さん

⑤ 저고리　＿＿＿＿＿＿＿＿　⑥ 지구　＿＿＿＿＿＿＿＿＿
　チョゴリ　　　　　　　　　　　[地球]

⑦ 지우개　＿＿＿＿＿＿＿＿
　消しゴム

2-4 合成母音

[ㅐ ㅒ ㅔ ㅖ ㅘ ㅙ ㅚ ㅝ ㅞ ㅟ ㅢ]

ㅐ	[ɛ]	口を横に大きく広げて「エ」
ㅒ	[yɛ]	口を横に大きく広げて「イエ」（ㅑ+ㅣ）
ㅔ	[e]	「エ」と同じ
ㅖ	[ye]	애よりは口を広げない（ㅕ+ㅣ）
ㅘ	[wa]	「ワ」と同じ発音（ㅗ+ㅏ）
ㅙ	[wɛ]	唇を横に引いて「オェ」と発音　（ㅗ+ㅐ）
ㅚ	[ø/we]	「오と에」をほぼ同時に発音し、最後まで唇を丸めたままにする。·
ㅝ	[wɔ]	「ウォ」と発音（ㅜ+ㅓ）
ㅞ	[we]	「왜」よりは唇を横に引かない（ㅜ+ㅔ）
ㅟ	[y/wi]	「ウィ」と発音
ㅢ	[ɯi]	唇を横に引いたまま「ウィ」と発音　（ㅡ+ㅣ）

注意　　　「ㅐ ㅔ ㅚ ㅟ」は字としては合成母音字だが、発音は単母音
ポイント　「ㅘ ㅙ ㅝ ㅞ」は「ㅗ」「ㅜ」を使ってワ行の音を表し、
　　　　　大体、「ㅗ」は「ㅏ」のグループと、「ㅜ」は「ㅓ」のグループと結びつく。·

※次の母音の順番を覚えよう。辞書ではこの順番に並んでいる。

ㅏ	ㅑ	ㅓ	ㅕ	ㅗ	ㅛ	ㅜ	ㅠ	ㅡ	ㅣ
ㅐ	ㅒ	ㅔ	ㅖ	ㅘ		ㅝ			ㅢ
				ㅙ		ㅞ			
				ㅚ		ㅟ			

▶合成母音の書き順

	1	2	3	4	5	6		1	2	3	4	5	6
ㅐ	ㅣ	ㅏ	ㅐ				ㅚ	ㅗ	ㅗ	ㅚ			
ㅒ	ㅣ	ㅏ	ㅑ	ㅒ			ㅝ	ㅜ	ㅜ	ㅝ	ㅝ		
ㅔ	ㅓ	ㅔ	ㅔ				ㅞ	ㅜ	ㅜ	ㅝ	ㅞ	ㅞ	
ㅖ	ㅓ	ㅕ	ㅖ	ㅖ			ㅟ	ㅜ	ㅜ	ㅟ			
ㅘ	ㅗ	ㅗ	ㅚ	ㅘ			ㅢ	ㅡ	ㅢ				
ㅙ	ㅗ	ㅗ	ㅚ	ㅘ	ㅙ								

練習 5) 次の単語を発音しながら書いてみましょう。

① 과자 ＿＿＿＿＿＿＿＿＿＿＿＿＿
[菓子]

② 교과서 ＿＿＿＿＿＿＿＿＿＿＿
[教科書]

③ 교외 ＿＿＿＿＿＿＿＿＿＿＿＿＿
[郊外]

④ 뇌 ＿＿＿＿＿＿＿＿＿＿＿＿＿＿
[脳]

⑤ 돼지 ＿＿＿＿＿＿＿＿＿＿＿＿＿
豚

⑥ 사회 ＿＿＿＿＿＿＿＿＿＿＿＿＿
[社会]

⑦ 얘기 ＿＿＿＿＿＿＿＿＿＿＿＿＿
話

⑧ 위조 ＿＿＿＿＿＿＿＿＿＿＿＿＿
[偽造]

⑨ 의자 ＿＿＿＿＿＿＿＿＿＿＿＿＿
[椅子]

⑩ 회계 ＿＿＿＿＿＿＿＿＿＿＿＿＿
[会計]

START! 한국어

✎ **書く練習**　次の単語を発音しながら書いてみよう。 --------------------------- ▮

ㄱ が入る単語を書いてみよう。

가게 店	가게			
가구 [家具]	가구			
가지 枝/ナス	가지			
개 犬	개			
거리 街/通り	거리			
고기 肉	고기			
과자 [菓子]	과자			
교과서 [教科書]	교과서			
교수 [教授]	교수			

見出し	練習			
나라 国	나 라			
나무 木	나 무			
나이 歳/年	나 이			
노래 歌	노 래			
누나 (弟からみて)姉	누 나			
다리 脚/橋	다 리			
대지 [大地]	대 지			
도로 [道路]	도 로			
도시 [都市]	도 시			
두부 [豆腐]	두 부			

ㅁ が入る単語を書いてみよう。

마루 板の間	마루		
마리 匹/頭/羽/尾(動物を数える)助数詞	마리		
머리 頭	머리		
메모 メモ	메모		
모레 明後日	모레		
모자 [帽子]	모자		
무 大根	무		
무대 [舞台]	무대		
무지개 虹	무지개		

바나나 バナナ	바나나			
바다 海	바다			
바보 バカ	바보			
바지 ズボン	바지			
배 梨/船/腹	배			
버스 バス	버스			
보자기 ふろしき	보자기			
부모 [父母]/両親	부모			
부자 金持ち	부자			
비 雨	비			
비누 せっけん	비누			

ㅅ が入る単語を書いてみよう。

사과 リンゴ	사과			
사자 [獅子]	사자			
새 鳥	새			
서리 霜	서리			
소 牛	소			
소나기 にわか雨	소나기			
소나무 松の木	소나무			
소리 音	소리			
수도 [首都/水道]	수도			
수저 匙と箸	수저			
시계 [時計]	시계			
시대 [時代]	시대			

아기 赤ちゃん	아기			
아내 妻	아내			
아버지 お父さん	아버지			
아이 子供	아이			
아저씨 おじさん	아저씨			
아주머니 おばさん	아주머니			
어머니 お母さん	어머니			
여자 [女子]/女の人	여자			
오이 キュウリ	오이			
우리 私たち/我々	우리			
의사 [医師]	의사			
의자 [椅子]	의자			

자리 席	자리			
자유 [自由]	자유			
저고리 チョゴリ	저고리			
저수지 [貯水池]	저수지			
제도 [制度]	제도			
조사 [調査/弔詞]	조사			
주머니 巾着/袋/ポケット	주머니			
주소 [住所]	주소			
지구 [地球]	지구			
지도 [地図]	지도			
지우개 消しゴム	지우개			

子音(2)

 **3-1** 激音

$$\left[\quad \text{ㅊ}[t_\int^h] \qquad \text{ㅋ}[k^h] \qquad \text{ㅌ}[t^h] \qquad \text{ㅍ}[p^h] \qquad \text{ㅎ}[h]※ \quad\right]$$

▶激音の書き順

ㅊ	1	2	3	4	5	6	ㅌ	1	2	3	4	5	6
ㅊ	⸰	ㅋ	ㅊ				ㅌ	ㄷ	ㅌ	ㅌ			
ㅋ	ㄱ	ㅋ					ㅍ	ㄷ	ㄷ	ㅍ	ㅍ		

カ行、タ行、パ行を、息を強く吐き出しながら発音。

※の「ㅎ」は激音ではなく平音であるが、ここでは便宜上激音に入れてある。

▶激音に母音「ㅏ」をつけて発音してみよう。

차 카 타 파 하

ポイント　顔の前に垂らしたティッシュペーパーをなびかせる勢いで発音する。

▶文字の形　　左に書くとき　　**차　처　치**

　　　　　　　上に書くとき　　**초　추　츠**

ポイント　激音の形は、平音ㄱ・ㄷ・ㅈに短い画が一つ加わる形(ㅍを除く)。

練習 1）次の単語を発音しながら書いてみましょう。

① 기차
[汽車]

② 우표
切手

③ 주차
[駐車]

④ 치마
スカート

⑤ 커피
コーヒー

⑥ 코
鼻

⑦ 태도
[態度]

⑧ 토지
[土地]

⑨ 포도
[葡萄]

⑩ 표
[票]/切符

▶한글표

子音 / 母音	ㄱ [k/g]	ㄴ [n]	ㄷ [t/d]	ㄹ [r/l]	ㅁ [m]	ㅂ [p/b]	ㅅ [s]	ㅇ [-/ŋ]	ㅈ [tɕ/dʑ]	ㅊ [tɕʰ]	ㅋ [kʰ]	ㅌ [tʰ]	ㅍ [pʰ]	ㅎ [h]
ㅏ [a]	가	나	다	라	마	바	사	아	자	차	카	타	파	하
ㅑ [ya]	갸	냐	댜	랴	먀	뱌	샤	야	쟈	챠	캬	탸	퍄	햐
ㅓ [ə/ɔ]	거	너	더	러	머	버	서	어	저	처	커	터	퍼	허
ㅕ [yɔ]	겨	녀	뎌	려	며	벼	셔	여	져	쳐	켜	텨	펴	혀
ㅗ [o]	고	노	도	로	모	보	소	오	조	초	코	토	포	호
ㅛ [yo]	교	뇨	됴	료	묘	뵤	쇼	요	죠	쵸	쿄	툐	표	효
ㅜ [u]	구	누	두	루	무	부	수	우	주	추	쿠	투	푸	후
ㅠ [yu]	규	뉴	듀	류	뮤	뷰	슈	유	쥬	츄	큐	튜	퓨	휴
ㅡ [ɯ]	그	느	드	르	므	브	스	으	즈	츠	크	트	프	흐
ㅣ [i]	기	니	디	리	미	비	시	이	지	치	키	티	피	히

▶子音字の名称

子音字	名称	子音字	名称
ㄱ	기역	ㄲ	쌍기역
ㄴ	니은	ㄸ	쌍디귿
ㄷ	디귿	ㅃ	쌍비읍
ㄹ	리을	ㅆ	쌍시옷
ㅁ	미음	ㅉ	쌍지읓
ㅂ	비읍		
ㅅ	시옷		
ㅇ	이응		
ㅈ	지읒		
ㅊ	치읓		
ㅋ	키읔		
ㅌ	티읕		
ㅍ	피읖		
ㅎ	히읗		

 **3-2　濃音**

$$\text{ㄲ}[{}^{?}k] \quad \text{ㄸ}[{}^{?}t] \quad \text{ㅃ}[{}^{?}p] \quad \text{ㅆ}[{}^{?}s] \quad \text{ㅉ}[{}^{?}t\int]$$

11 ▶濃音に母音「ㅏ」をつけて発音してみよう。

까 따 빠 싸 짜

> **ポイント**　濃音の文字は、同一平音を二つ並べて書く。

カ行、サ行、タ行、パ行、チャチュチョの子音を、
喉を緊張させて息を出さないよう喉を詰めて発音。

> **コツ**　ついつい激音と同じく発音しがちだが、手のひらを口の前に当てて息が出ないように
> 発音練習。濃音は平音より息が出ない。

12 ▶平音, 激音, 濃音

平音	가	다	바	사	자
激音	카	타	파	ー	차
濃音	까	따	빠	싸	짜

- 平音 ： 気音を伴わない子音（ㄱ ㄷ ㅂ ㅈ）
- 激音 ： 気音を伴う子音　　（ㅋ ㅌ ㅍ ㅊ）
- 濃音 ： 喉を締め付けるように緊張させて発する子音（ㄲ ㄸ ㅃ ㅉ）

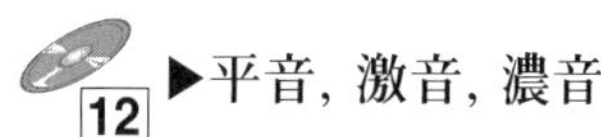

練習 2) 次の単語を発音しながら書いてみましょう。

① 가짜 _______________ 　② 까치 _______________
　　にせモノ　　　　　　　　　　　　カササギ

③ 꼬마 _______________ 　④ 또래 _______________
　　(俗)ちびっこ　　　　　　　　　　同年配

⑤ 보따리 _______________ 　⑥ 쓰레기 _______________
　　包み　　　　　　　　　　　　　ゴミ

⑦ 오빠 _______________
　　(妹からみて)兄

13 練習 3) これから言う語句を聞いて、共通する発音を選びなさい。

1) ① 푸　　　② 부　　　③ 뿌

2) ① 어　　　② 오　　　③ 우

3) ① 고　　　② 코　　　③ 꼬

4) ① 차　　　② 자　　　③ 짜

5) ① 사　　　② 싸

✎ **書く練習-1**　　次の激音の単語を発音しながら書いてみよう。 --------------------- ■

ㅊ が入る単語を書いてみよう。

고추 唐辛子	고추		
기차 [汽車]	기차		
배추 白菜	배추		
야채 [野菜]	야채		
차고 [車庫]	차고		
차례 順序 / 順番	차례		
체조 [体操]	체조		
취미 [趣味]	취미		
치마 スカート	치마		

見本	練習		
카메라 カメラ	카메라		
커피 コーヒー	커피		
코 鼻	코		
코끼리 象	코끼리		
코스모스 コスモス	코스모스		
코트 コート	코트		
쿠키 クッキー	쿠키		
크레용 クレヨン	크레용		
크리스마스 クリスマス	크리스마스		

사투리 訛り	사투리		
타조 ダチョウ	타조		
테니스 テニス	테니스		
테이프 テープ	테이프		
토끼 ウサギ	토끼		
토마토 トマト	토마토		
토지 [土地]	토지		
퇴사 [退社]	퇴사		
투자 [投資]	투자		
튜브 チューブ	튜브		

파도 [波涛]/波	파 도		
파티 パーティー	파 티		
폐사 [弊社]	폐 사		
포도 [葡萄]	포 도		
포스터 ポスター	포 스 터		
포크 フォーク	포 크		
표 [票]/切符	표		
표지 [表紙/標識]	표 지		
프로 プロ	프 로		
피아노 ピアノ	피 아 노		
피에로 ピエロ	피 에 로		

하나 一つ / 唯一	하나			
하루 一日	하루			
하마 [河馬]	하마			
해 太陽 / 日	해			
해바라기 ひまわり	해바라기			
허리 腰	허리			
호수 [湖水] / 湖	호수			
회계사 [会計士]	회계사			
회사 [会社]	회사			
효자 [孝子] / 親孝行の息子	효자			
휴가 [休暇]	휴가			
휴지 ちり紙	휴지			

깨 ゴマ	깨			
꼬리 尾/しっぽ	꼬리			
꼬마 (俗)ちびっこ	꼬마			
꾸러미 包み/束	꾸러미			
또래 同年配	또래			
빨래 洗濯 / 洗濯物	빨래			
뿌리 根っこ	뿌리			
쓰레기 ごみ/ちり/くず	쓰레기			
씨 種/さね/[氏]	씨			
오빠 (妹からみて)兄	오빠			
찌개 鍋料理の一種	찌개			

04

終声(받침 パッチム) / 連音化

4-1　終声(받침)

音節末に付く子音をパッチムという。

パッチムは、ㄸ/ㅃ/ㅉ(3-2濃音参照)を除いた全ての子音が用いられるが、

発音するときは7つの代表音で発音される。

代表発音	パッチム	(二つ文字の)重ねパッチム
ㄱ(k)	ㄱ ㄲ ㅋ	ㄳ ㄺ
ㄴ(n)	ㄴ	ㄵ ㄶ
ㄷ(t)	ㄷ ㅅ ㅆ ㅈ ㅊ ㅌ ㅎ	なし
ㄹ(l)	ㄹ	ㄺ ㄼ ㄽ ㄾ ㅀ
ㅁ(m)	ㅁ	ㄻ
ㅂ(p)	ㅂ ㅍ	ㄼ ㄿ ㅄ
ㅇ(ŋ)	ㅇ	なし

> **ポイント**　「를」は、上の「ㄹ」は「r」で下の「ㄹ」は「l」で発音する。
> やや巻き舌気味に「r」を発音して、すぐ舌の先を口の天井につけて「l」の音を出す。

<table>
<tr><td><table><tr><td>初声</td><td>中声</td></tr><tr><td colspan="2">終声</td></tr></table></td><td></td><td></td><td><table><tr><td colspan="2">初声</td></tr><tr><td colspan="2">中声</td></tr><tr><td colspan="2">終声</td></tr></table></td><td>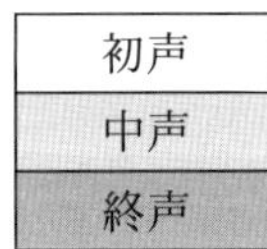</td></tr>
</table>

14 ▶가고나에 パッチムをつけて発音練習をしてみましょう。

각	간	갇	갈	감	갑	강
곡	곤	곧	골	곰	곱	공
낙	난	낟	날	남	납	낭

✎ 書いてみましょう

(順番に組み立てましょう)

① ㄱ ＋ ㅗ ＋ ㅇ ＝ [공] ボール　　② ㄴ ＋ ㅏ ＋ ㅁ ＝ [　] 他人

③ ㄷ ＋ ㅏ ＋ ㄹ ＝ [　] 月　　④ ㅁ ＋ ㅜ ＋ ㄴ ＝ [　] [門]

⑤ ㅂ ＋ ㅜ ＋ ㄹ ＝ [　] 火　　⑥ ㅅ ＋ ㅗ ＋ ㄴ ＝ [　] 手

⑦ ㅇ ＋ ㅗ ＋ ㅅ ＝ [　] 服　　⑧ ㅈ ＋ ㅗ ＋ ㅇ ＝ [　] [鐘]

⑨ ㅊ ＋ ㅗ ＋ ㄴ ＝ [　] [村]　　⑩ ㅍ ＋ ㅏ ＋ ㄹ ＝ [　] 腕

練習 1) 次の単語を発音しながら書いてみましょう。

① 가방カバン ＿＿＿＿＿＿＿　　② 가족[家族] ＿＿＿＿＿＿＿

③ 공책ノート ＿＿＿＿＿＿＿　　④ 교실[教室] ＿＿＿＿＿＿＿

⑤ 김치キムチ ＿＿＿＿＿＿＿　　⑥ 대학[大学] ＿＿＿＿＿＿＿

⑦ 도서관[図書館] ＿＿＿＿＿＿＿　　⑧ 사람人 ＿＿＿＿＿＿＿

⑨ 사전[辞典]/辞書 ＿＿＿＿＿＿＿　　⑩ 은행[銀行] ＿＿＿＿＿＿＿

⑪ 자전거[自転車] ＿＿＿＿＿＿＿　　⑫ 전화[電話] ＿＿＿＿＿＿＿

⑬ 집家 ＿＿＿＿＿＿＿　　⑭ 친구友達 ＿＿＿＿＿＿＿

⑮ 화장실[化粧室] ＿＿＿＿＿＿＿

練習 2) 次の単語を発音しながら書いてみましょう。

15

① 값値段 ＿＿＿＿＿＿＿＿＿＿　② 넓다広い ＿＿＿＿＿＿＿＿＿

③ 닭鶏 ＿＿＿＿＿＿＿＿＿＿　④ 밟다踏む ＿＿＿＿＿＿＿＿＿

⑤ 앉다座る ＿＿＿＿＿＿＿＿＿＿　⑥ 없다無い/いない ＿＿＿＿＿＿

⑦ 여덟八つ ＿＿＿＿＿＿＿＿＿＿　⑧ 읽다読む ＿＿＿＿＿＿＿＿＿

⑨ 젊다若い ＿＿＿＿＿＿＿＿＿　⑩ 핥다なめる ＿＿＿＿＿＿＿＿＿

▶ 辞書に並べてある順番

ㄱ ㄴ ㄷ ㄹ ㅁ ㅂ ㅅ ㅇ ㅈ ㅊ ㅋ ㅌ ㅍ ㅎ

ㄲ 　　ㄸ 　　　　ㅃ ㅆ 　　ㅉ

例　가지 → 감 → 강 → 개 → 기린 → 까다

ちょっとブレーク

次の単語の意味を辞書で調べてみましょう。

대학 ＿＿＿＿＿　학생 ＿＿＿＿＿　교과서 ＿＿＿＿＿

음악 ＿＿＿＿＿　사진 ＿＿＿＿＿　책 ＿＿＿＿＿

책상 ＿＿＿＿＿　나무 ＿＿＿＿＿　아이 ＿＿＿＿＿

어른 ＿＿＿＿＿　어머니 ＿＿＿＿＿　아버지 ＿＿＿＿＿

아주머니 ＿＿＿＿＿　지하철 ＿＿＿＿＿　전철 ＿＿＿＿＿

택시 ＿＿＿＿＿　버스 ＿＿＿＿＿　비행기 ＿＿＿＿＿

차 ＿＿＿＿＿　선생님 ＿＿＿＿＿

START! 한국어

16

発音規則-2　連音化 [연음화] ··················

音節末の終声の子音(받침)は、次に母音が続くと、その받침は次の音節の頭音として発音される。つまり、次にくる母音の[ㅇ]のところに받침が引越しされて発音される。

이 것 이 これが ⟶ 이 거 시 と発音

ポイント　二重パッチムである場合は、大体右の方が連音化される。

例) 값이 → 갑시　　　넓이 → 널비
　　値段が　　　　　　広さ

練習 3) 次の語句を発音しながら書いてみましょう。

① 높이 ＿＿＿＿＿＿＿＿＿　　② 단어 ＿＿＿＿＿＿＿＿＿
　高さ　　　　　　　　　　　　　[単語]

③ 만일 ＿＿＿＿＿＿＿＿＿　　④ 맏아들 ＿＿＿＿＿＿＿＿
　[万一]　　　　　　　　　　　　長男

⑤ 발음 ＿＿＿＿＿＿＿＿＿　　⑥ 음악 ＿＿＿＿＿＿＿＿＿
　[発音]　　　　　　　　　　　　[音楽]

⑦ 작업 ＿＿＿＿＿＿＿＿＿　　⑧ 집안 ＿＿＿＿＿＿＿＿＿
　[作業]　　　　　　　　　　　　身内/家の中

⑨ 한국어 ＿＿＿＿＿＿＿＿　　⑩ 할아버지 ＿＿＿＿＿＿＿
　[韓国語]　　　　　　　　　　　おじいさん

> 「ㅇ」パッチムの次に母音「ㅇ」が続くと、その続いたㅇは
> 鼻にかかった[ガ]行のような音に発音されるが、
> けっして濁音ではない。　鼻濁音化

練習 4) 次の単語を発音しながら書いてみましょう。

① 강아지 ＿＿＿＿＿＿＿＿＿　② 고양이 ＿＿＿＿＿＿＿＿＿
仔犬　　　　　　　　　　　猫

③ 농아 ＿＿＿＿＿＿＿＿＿　④ 동아리 ＿＿＿＿＿＿＿＿＿
[聾唖]　　　　　　　　　　仲間/やから/サークル

⑤ 병아리 ＿＿＿＿＿＿＿＿＿　⑥ 영어 ＿＿＿＿＿＿＿＿＿
ひよこ　　　　　　　　　　[英語]

⑦ 종이 ＿＿＿＿＿＿＿＿＿
紙

コツ　パッチム「ㅇ」をしっかり発音した後、次に続く母音は鼻を抜けるように発音する。

[日本語（かな）のハングル表記法]

カナ					ハングル									
					語頭					語中・語末				
ア	イ	ウ	エ	オ	아	이	우	에	오					
カ	キ	ク	ケ	コ	가	기	구	게	고	카	키	쿠	케	코
サ	シ	ス	セ	ソ	사	시	스	세	소					
タ	チ	ツ	テ	ト	다	지	쓰	데	도	타	치	쓰	테	토
ナ	ニ	ヌ	ネ	ノ	나	니	누	네	노					
ハ	ヒ	フ	ヘ	ホ	하	히	후	헤	호					
マ	ミ	ム	メ	モ	마	미	무	메	모					
ヤ	イ	ユ	エ	ヨ	야	이	유	에	요					
ラ	リ	ル	レ	ロ	라	리	루	레	로					
ワ	ヰ	ウ	ヱ	オ	와	(이)	우	(에)	오					
ン										ㄴ				
ガ	ギ	グ	ゲ	ゴ	가	기	구	게	고					
ザ	ジ	ズ	ゼ	ゾ	자	지	즈	제	조					
ダ	ヂ	ヅ	デ	ド	다	지	즈	데	도					
バ	ビ	ブ	ベ	ボ	바	비	부	베	보					
パ	ピ	プ	ペ	ポ	파	피	푸	페	포					
キャ		キュ		キョ	갸		규		교	캬		큐		쿄
ギャ		ギュ		ギョ	갸		규		교					
シャ		シュ		ショ	샤		슈		쇼					
ジャ		ジュ		ジョ	자		주		조					
チャ		チュ		チョ	자		주		조	차		추		초
ヒャ		ヒュ		ヒョ	햐		휴		효					
ビャ		ビュ		ビョ	뱌		뷰		뵤					
ピャ		ピュ		ピョ	퍄		퓨		표					
ミャ		ミュ		ミョ	먀		뮤		묘					
リャ		リュ		リョ	랴		류		료					

▶日本の都道府県名のハンクル表記

1	北海道	홋카이도	25	滋賀	시가
2	青森	아오모리	26	京都	교토
3	岩手	이와테	27	大阪	오사카
4	宮城	미야기	28	兵庫	효고
5	秋田	아키타	29	奈良	나라
6	山形	야마가타	30	和歌山	와카야마
7	福島	후쿠시마	31	鳥取	돗토리
8	茨城	이바라키	32	島根	시마네
9	栃木	도치기	33	岡山	오카야마
10	群馬	군마	34	広島	히로시마
11	埼玉	사이타마	35	山口	야마구치
12	千葉	지바	36	徳島	도쿠시마
13	東京	도쿄	37	香川	가가와
14	神奈川	가나가와	38	愛媛	에히메
15	山梨	야마나시	39	高知	고치
16	長野	나가노	40	福岡	후쿠오카
17	新潟	니가타	41	佐賀	사가
18	富山	도야마	42	長崎	나가사키
19	石川	이시카와	43	熊本	구마모토
20	福井	후쿠이	44	大分	오이타
21	岐阜	기후	45	宮崎	미야자키
22	静岡	시즈오카	46	鹿児島	가고시마
23	愛知	아이치	47	沖縄	오키나와
24	三重	미에			

▶表記（書き方）のポイント

① 日本人の名前は、名字と名前の間を一文字くらい空ける。
　　例）安藤弥生　안도 야요이

② 長音は表記しない。
　　例）ニュース　뉴스

③「ん」がある時は、받침「ㄴ」をつける。
　　例）新宿　신주쿠　　　　　ラーメン　라면

④「っ」がある時は、받침「ㅅ」をつける。
　　例）服部真吾　핫토리 신고

⑤ 語頭に「カ行」「タ行」がくる時は、平音「가」「다」で書く。
　　例）田仲啓介　다나카 케이스케

⑥ 語中に「カ行」「タ行」がくる時は、激音「카」「타」で書く。
　　例）横田めぐみ　요코타 메구미

⑦（基本的に）日本語表記には濃音は用いらない。
　　例）佐藤　사토

✏️ **書く練習 1**　　次の単語を発音しながら書いてみよう。 ----------------------------■

ㄱ パッチムがある単語を書いてみよう。

가족 [家族]	가족			
대학 [大学]	대학			
복권 [福券]/宝くじ	복권			
수박 すいか	수박			
약국 [薬局]	약국			
약속 [約束]	약속			
저녁 夕暮れ/夕方	저녁			
책 本	책			
책상 机	책상			
학교 [学校]	학교			
학생 [学生]	학생			

ㄴ パッチムがある単語を書いてみよう。

눈물 涙	눈물		
돈 お金	돈		
사진 [写真]	사진		
산 [山]	산		
선물 贈り物/みやげ/プレゼント	선물		
선풍기 [扇風機]	선풍기		
소년 [少年]	소년		
신문 [新聞]	신문		
안경 [眼鏡]	안경		
언니 (妹からみて) 姉	언니		
우산 傘	우산		
은행 [銀行]	은행		

 パッチムがある単語を書いてみよう。

돋보기 老眼鏡/虫眼鏡	돋보기			
맏아이 いちばん上の子	맏아이			
받침 支え/下敷/台	받침			
숟가락 お匙	숟가락			

ㄹ パッチムがある単語を書いてみよう。

가을 秋	가을			
겨울 冬	겨울			
교실 [教室]	교실			
길 道	길			
달 月	달			
달력 曆	달력			
돌 石	돌			
마을 村/里	마을			

불 火	불			
서울 ソウル	서울			
설탕 砂糖	설탕			
쌀 米	쌀			
얼굴 顔	얼굴			
이슬 露	이슬			
절 寺/お辞儀	절			
필통 筆箱	필통			

구름 雲	구름			
그림 絵	그림			
김치 キムチ	김치			
남자 [男子]	남자			
담배 タバコ	담배			
마음 心	마음			
바람 風	바람			
봄 春	봄			
사람 ひと	사람			
서점 [書店]	서점			
여름 夏	여름			
이름 名前	이름			
점심 お昼	점심			
춤 踊り/ダンス	춤			

밥 お飯/めし	밥			
입구 [入口]	입구			
지갑 財布	지갑			
집 家	집			
컵라면 カップラーメン	컵라면			
탑 [塔]	탑			
팝콘 ポップコーン	팝콘			
합격 [合格]	합격			

버섯 キノコ	버섯		
붓 筆	붓		
비스켓 ビスケット	비스켓		
빗자루 ほうき	빗자루		
옷 服	옷		
젓가락 お箸	젓가락		
찻집 喫茶店	찻집		

강 [江]/川	강		
고양이 ねこ	고양이		
고향 [故郷]	고향		
공원 [公園]	공원		
공장 [工場]	공장		
냉면 [冷麵]	냉면		
동생 弟/妹	동생		
방 部屋	방		
빵 パン	빵		
사탕 飴/キャンディ	사탕		
선생님 [先生]ー	선생님		
운동장 [運動場]	운동장		

꽃 花	꽃			
낱말 単語	낱말			
높다 高い	높다			
덮개 ふた	덮개			
밑 下	밑			
밭 田/畑	밭			
빛 光	빛			
잎 葉っぱ	잎			
책꽂이 本棚	책꽂이			
햇빛 日差し	햇빛			

□ に発音するパッチムがある単語を書いてみよう。(ㄲ ㄳ ㄹ ㅋ)

넋 魂	넋		
늙다 老ける	늙다		
닦다 拭く/磨く	닦다		
맑다 晴れる/清らか	맑다		
몫 分け前	몫		
밝다 明るい	밝다		
부엌 台所	부엌		
읽다 読む	읽다		

ㄴ に発音する重ねパッチムがある単語を書いてみよう。(ㄵ ㄶ)

괜찮다 大丈夫/結構だ	괜찮다		
많다 多い	많다		
앉다 座る	앉다		

ㄷ に発音するパッチムがある単語を書いてみよう。(ㅅ ㅆ ㅈ ㅊ ㅌ ㅎ)

낮 昼/昼間	낮		
밑 下	밑		
빛 光	빛		
옷 服	옷		
있다 ある/いる	있다		
첫사랑 初恋	첫사랑		

ㄹ に発音する重ねパッチムがある単語を書いてみよう。(ㄼ ㄽ ㄾ ㅀ)

넓다 広い	넓다		
싫다 嫌いだ/いやだ	싫다		
여덟 八つ	여덟		
옳다 正しい	옳다		
핥다 なめる	핥다		

[ㅁ] に発音する重ねパッチムがある単語を書いてみよう。(ㄻ)

삶다 茹でる	삶 다			
옮다 移る/変わる	옮 다			
젊다 若い	젊 다			

[ㅂ] に発音するパッチムがある単語を書いてみよう。(ㄼ ㄿ ㅄ ㅍ)

값 値段/直打ち	값			
밟다 踏む	밟 다			
앞 前	앞			
없다 ない/いない	없 다			
옆 横	옆			
읊다 詠む	읊 다			
잎 葉っぱ	잎			
짚 藁	짚			

05

안녕하세요. こんにちは
－ あいさつ文 / 名詞文 －

Dialogue

김철수 : 안녕하세요?

　　　　저는 김철수입니다.

스즈키 : 처음 뵙겠습니다.

　　　　스즈키라고 합니다. 잘 부탁 드립니다.

김철수 : 만나서 반갑습니다.

　　　　실례지만 스즈키 씨는 일본 사람입니까?

스즈키 : 네, 저는 일본 사람입니다.

 **発音**

입니다 → **임**니다　　　　　　　뵙겠습니다 → 뵙**껟씀**니다
　※発音規則(4)**鼻音化** 参照　　　　　　※発音規則(5)**濃音化** 参照

합니다 → **함**니다　　　　　　　부탁드립니다 → 부탁**뜨림**니다

반갑습니다 → 반갑**씀**니다(※방갑씀니다)

실례지만 → 실**레**지만　　　　　　입니까 → **임**니까

 **語彙**([　]は漢字語の場合、その表記)

안녕하세요(?)　こんにちは

저　わたくし(謙譲語)

| 나 | 私・僕・おれ・わし | 우리 | 我々・私たち・おれら |
| 저 | 私・わたくし | 저희 | 私ども |

～입니다　～です　　　　　　　　처음 뵙겠습니다　はじめまして

～라고　～と　　　　　　　　　　합니다　言います/します

잘 부탁드립니다　よろしくお願い致します

만나서 반갑습니다　お会いできてうれしいです

실례지만　失礼ですが　　　　　　씨　[氏]/様

일본　[日本]　　　　　　　　　　사람　人

～입니까?　～ですか　　　　　　　네　はい

※あいさつ言葉は P76 参照

この課の文法と文型

1. 名詞＋입니다/입니까?

2. 名詞＋는/은

받침の発音	続く子音		받침が鼻音化される
ㄱ		ㄴ	ㅇ
ㄷ	+	⇒	ㄴ
ㅂ		ㅁ	ㅁ

🎧 **21** 練習 1) 次の語彙を発音しなさい。

① 거짓말うそ　　　　② 국민[国民]

③ 끝나다終わる　　　④ 낱말単語

⑤ 식물[植物]　　　　⑥ 십만[十万]

⑦ 옛날昔　　　　　　⑧ 입니다〜です

⑨ 작년[昨年]　　　　⑩ 학년[学年]/〜年生

発音規則-5　濃音化 [농음화] • • • • • • • • • • • • • • • •

「ㄱㄷㅂ」と発音する받침に 「ㄱㄷㅂㅅㅈ」 が 続く場合、
続く子音は 「ㄲ ㄸ ㅃ ㅆ ㅉ」 に濃音化される。

읽다 → 익따
책상 → 책쌍

🎧 **22** 練習 2) 次の単語を発音しなさい。

① 약속[約束]　　　　② 엽서[葉書]

③ 잡지[雑誌]　　　　④ 학교[学校]

⑤ 학생[学生]

5-1　名詞文の叙述形　名詞＋입니다 : ～です

発音注意　　① 입니다は받침ㅂがㅁに変わり임니다と発音する。 発音規則－4鼻音化 参照
　　　　　　② 입니다の前の単語が받침で終わるとき、その받침は連音化する。

練習 3) 例のような文章を発音しながら書いてみましょう。

例　신하늘　　신하늘입니다.
　　대학생　　대학생입니다.

① 전지영　＿＿＿＿＿＿입니다.

　간호사　＿＿＿＿＿＿입니다.

② 안도　＿＿＿＿＿＿＿

　교사　＿＿＿＿＿＿＿

③ 이영미　＿＿＿＿＿＿＿

　주부　＿＿＿＿＿＿＿

④ 모리타　＿＿＿＿＿＿＿

　회사원　＿＿＿＿＿＿＿

⑤ 코바야시　＿＿＿＿＿＿＿

　공무원　＿＿＿＿＿＿＿

叙述形입니다から「다」を取って疑問詞「까?」をつける。

練習 4) 例のような文章を書いてみましょう。

例　대학생　　대학생입니까?

① 간호사 ______________________________ 입니까?

② 선생님 ______________________________

③ 주부 ______________________________

④ 회사원 ______________________________

⑤ 공무원 ______________________________

職業[직업]-1

가수[歌手]	간호사 [看護士]	공무원[公務員]	교사[教師]
교수[教授]	변호사[弁護士]	의사[医師]	은행원[銀行員]
점원[店員]	주부[主婦]	회사원[会社員]	
학생[学生] – 초등학생/중학생/고등학생/대학생　남학생/여학생			

名詞文 －　AはBです / AはBですか

練習 5) 例のように一つの文章につなげて、発音しながら書いてみましょう。

　　例　　신하늘 / 대학생　　　신하늘은(/는) 대학생입니까?

① 전지영 / 간호사　　　　　　　　　　　　　　　　　　입니까?

② 안도 / 교사　　　　　　　　　　　　　　　　　　　　　　?

③ 이영미 / 주부

④ 모리타 / 회사원

⑤ 코바야시 / 공무원

常識(1)　　韓国人の姓

韓国人の名前で김철수(金哲秀)というと、「김」が姓で、「철수」は名前である。
韓国では 「김」(金) 「이」(李) 「박」(朴)がもっとも多い姓であり、
「최」(崔) 「정」(鄭) 「조」(趙) 「강」(姜) 「장」(張) 「한」(韓)
「윤」(尹) 「오」(呉) 「임」(林) 「신」(申) 「안」(安)も多い姓である。
一字の姓が殆どであるが、 「남궁」(南宮) 「선우」(鮮于)などの二文字もある。
韓国では、姓は「家」を表すものではなく「父系血族集団」を表す。
　　　　したがって結婚により姓が変わることはない。

〜씨 ： 日本語の「〜氏」「〜様」に当たる言葉。
大半が1字名字の韓国人の場合、名字だけに「〜씨」を付ける場合はあまりなく(失礼になる)、
一般的に名前かフルネームにつける。
ただ、名字の長い外国人の場合は、直接姓に付けても構わない。

練習 6) 例のように一つの文章にして、発音しながら書いてみましょう。

例　스미스 / 미국　　스미스는(/은) 미국 사람입니까?

① 선생님 / 한국 ____ ?

② 안도 / 일본 ____ ?

③ 쏘냐 / 러시아 ____

④ 첸 / 중국 ____

⑤ 마리오 / 독일 ____

⑥ 수엔 / 대만 ____

⑦ 마오 / 태국 ____

⑧ 베르나르 / 프랑스 ____

⑨ 존슨 / 영국 ____

⑩ 칼로스 / 이탈리아 ____

国の名前 (나라 이름)

대만[台湾]　　대한민국[大韓民国]　　독일 ドイツ　　러시아 ロシア　　미국 米国
싱가포르 シンガポール　　영국 イギリス　　이탈리아 イタリア　　일본[日本]
조선민주주의인민공화국(북한)[朝鮮民主主義人民共和国] (北朝鮮)
중국[中国]　　태국 タイ　　프랑스 フランス　　필리핀 フィリピン

START! 한국어

5-4　まとめ

●名詞文

叙述形	疑問形
～입니다	～입니까?

例　저는 대학생입니다. 私は大学生です。

아버지는 회사원입니다. 父は会社員です。

첸 씨는 중국 사람입니까? 陳様は中国人ですか。

어머니는 은행원입니까? お母さんは銀行員ですか。

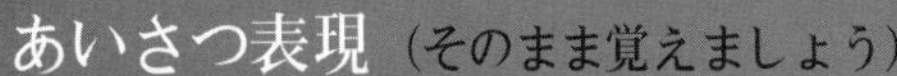

안녕하세요?	こんにちは。
안녕하십니까?	こんにちは。
처음 뵙겠습니다.	はじめまして。（/初めてお目にかかります）
잘 부탁 드립니다.	よろしくお願い致します。
만나서 반갑습니다.	お会いできてうれしいです。
감사합니다.	[感謝]します。
고맙습니다.	ありがとうございます。
천만에요.(/뭘요)	どういたしまして。（/いいえ）
잘 먹겠습니다.	（食べる前に）いただきます。
잘 먹었습니다.	ご馳走様でした。
안녕히 가세요.	（訪れた人が帰るとき、その人に）お気をつけて。
안녕히 계세요.	（訪れ先から帰るとき、残る人に）お元気で。

출석을 부르겠습니다.	[出席]をとります。
큰소리로 대답해 주세요.	大きい声で返事をして下さい。
수업을 시작하겠습니다.	[授業]を始めます。
따라하세요.	私について(発音)してください。
알겠습니까?	わかりますか。
네, 알겠습니다.	はい、わかりました。
잘 모르겠습니다.	よくわかりません。
질문 있습니까?	[質問]ありますか。
숙제입니다.	[宿題]です。
수업을 마치겠습니다.	[授業]を終わります。
수고하셨습니다.	お疲れ様でした。
다음 주에 만나요.	来週、会いましょう。

1. 次の韓国人の姓を5回ずつ書きなさい。

① 김 ＿＿＿＿＿＿＿＿＿＿＿＿＿＿　④ 이 ＿＿＿＿＿＿＿＿＿＿＿＿＿＿

② 박 ＿＿＿＿＿＿＿＿＿＿＿＿＿＿　⑤ 최 ＿＿＿＿＿＿＿＿＿＿＿＿＿＿

③ 정 ＿＿＿＿＿＿＿＿＿＿＿＿＿＿　⑥ 조 ＿＿＿＿＿＿＿＿＿＿＿＿＿＿

2. 次のあいさつを韓国語に直して2回ずつ書きなさい。

① こんにちは。　＿＿＿＿＿＿＿＿＿＿＿＿＿＿＿＿＿＿＿

② はじめまして。　＿＿＿＿＿＿＿＿＿＿＿＿＿＿＿＿＿＿

③ （お会いできて）うれしいです。　＿＿＿＿＿＿＿＿＿＿＿

④ （自分の名前）といいます。　＿＿＿＿＿＿＿＿＿＿＿＿＿

⑤ ありがとうございます。　＿＿＿＿＿＿＿＿＿＿＿＿＿＿

3. （　　）の中に適当な言葉を入れて自己紹介をしなさい。

저는 (①　　　　)입니다.　　　※① は自分のフルネームを、

저는 (②　　　　)입니다.　　　② は職業を、

처음 (③　　　　　　).　　　③ は「はじめまして」を、

잘 (④　　　　　　).　　　④ は「よろしくお願いします」を韓国語に訳すこと。

4. 次の単語を韓国語に直して5回ずつ書きなさい。

① 大学生

② 先生

③ 看護士

④ 会社員

⑤ 公務員

⑥ 主婦

⑦ 店員

5. 次の国名を韓国語に直して5回ずつ書きなさい。

① 韓国

② 日本

③ 中国

④ 北朝鮮

⑤ 台湾

⑥ アメリカ

⑦ イギリス

⑧ ドイツ

⑨ フランス

⑩ ロシア

⌛ 総合練習問題(1)

1. 次の地名と名前を한글で書きなさい。

① 池袋 ＿＿＿＿＿＿＿＿＿　② 新宿 ＿＿＿＿＿＿＿＿＿

③ 霞ヶ関 ＿＿＿＿＿＿＿＿＿　④ 新橋 ＿＿＿＿＿＿＿＿＿

⑤ 沖縄 ＿＿＿＿＿＿＿＿＿　⑥ 札幌 ＿＿＿＿＿＿＿＿＿

⑦ 安藤花子 ＿＿＿＿＿＿＿＿＿　⑧ 岡田哲夫 ＿＿＿＿＿＿＿＿＿

⑨ 金子茂雄 ＿＿＿＿＿＿＿＿＿　⑩ 田中まきこ ＿＿＿＿＿＿＿＿＿

2. 絵を見て ☐ を埋めなさい。

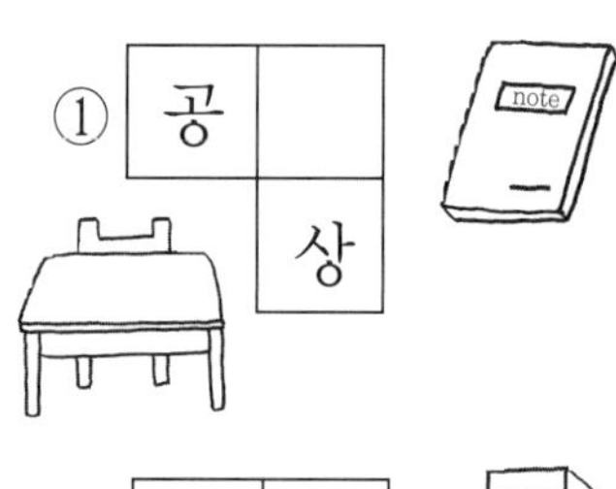

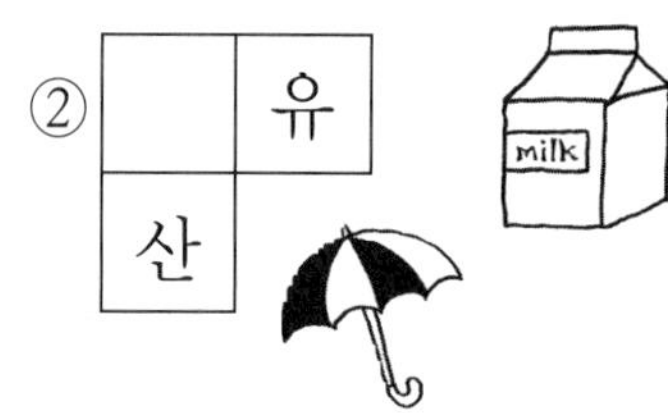

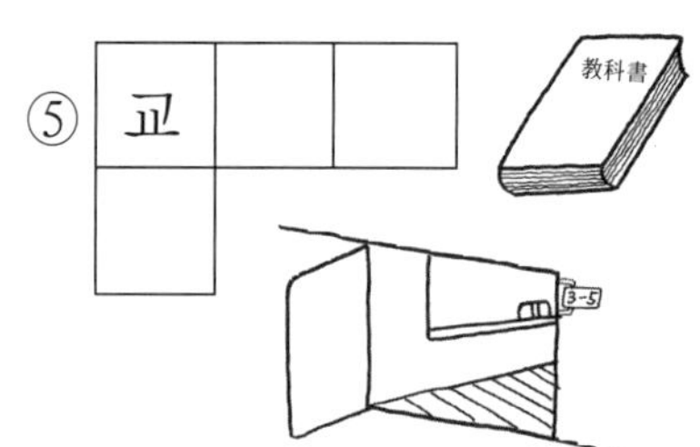

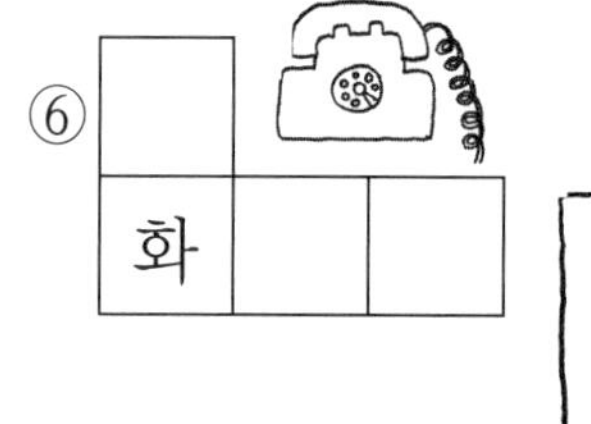

3. 例にならって作文し、発音練習をしなさい。

例　　日本人　가 : <u>일본사람</u>입니까?

　　　　　　　나 : 네, 저는 <u>일본사람</u>입니다.

① 学生　　　　　가: _______________________

　　　　　　　　나: _______________________

② 主婦　　　　　가: _______________________

　　　　　　　　나: _______________________

③ 先生 / 教師　　가: _______________________

　　　　　　　　나: _______________________

④ 会社員　　　　가: _______________________

　　　　　　　　나: _______________________

⑤ 看護士　　　　가: _______________________

　　　　　　　　나: _______________________

25 1. CDを聞いて、正しい番号を書きなさい。

보기 ②　　① 코피 鼻血　　② 커피 コーヒー　　③ 꺼피
(※보기：例)

1) ＿＿＿　① 감사[感謝]　　② 간사[姦詐]　　③ 강사[講師]

2) ＿＿＿　① 싸다 安い　　② 사다 買う

3) ＿＿＿　① 키사　　② 기사　　③ 끼사

4) ＿＿＿　① 차다 蹴る　　② 자다 寝る　　③ 짜다 絞る/塩辛い

5) ＿＿＿　① 나무 木　　② 남 他人

6) ＿＿＿　① 탈 面/仮面　　② 딸 娘　　③ 달 月

7) ＿＿＿　① 사람 人　　② 사랑 愛/恋

26 2. 文章の中に入っている語句を選び ◯で囲いなさい。

1)　① 빚이　　　② 빛이　　　③ 빗이

2)　① 아이　　　② 어이　　　③ 오이

3)　① 잡니다　　② 짭니다　　③ 찹니다

4)　① 삽니다　　② 쌉니다

5)　① 답니다　　② 땁니다　　③ 탑니다

1. 語彙　[27]

① ________________________　⑥ ________________________

② ________________________　⑦ ________________________

③ ________________________　⑧ ________________________

④ ________________________　⑨ ________________________

⑤ ________________________　⑩ ________________________

2. (　　)の中に語句を書き入れなさい。　[28]

① (　　) 하세요.

② 저는 (　　　　) 입니다.

③ (　　) 뵙겠습니다.

④ (　　　) 반갑습니다.

⑤ 잘 (　　) 드립니다.

06

학생이 아닙니다. 学生ではありません。

－ 名詞文の否定 / 疑問文 －

Dialogue

김철수 : 실례지만, 스즈키 씨 아닙니까?

스즈키 : 아! 김철수 씨, 오래간만입니다.

김철수 : 네, 오래간만입니다.

그런데, 그 학생은 누구입니까?

스즈키 : 이 아이는 제 동생입니다.

김철수 : 동생은 대학생입니까?

스즈키 : 아니오, 대학생이 아닙니다.

고등학생입니다.

発音

실례지만 → 실**례**지만	아닙니까 → 아**닙**니까
오래간만입니다 → 오래간**마님**니다	누구입니까 → 누구**임**니까
학생입니까 → 학**쌩임**니까	학생입니다 → 학**쌩임**니다

> **注意**　「학생이」のように「ㅇ」받침後に母音(ㅇ)が続くと、続く母音は
> 鼻にかかった[ガ]行のような音に発音されるが、けっして濁音ではない。鼻濁音化。
> 発音規則(3)「ㅇ」の発音参照

語彙 ([　]は漢字語の場合、その表記)

실례　[失礼]	이(/가) 아닙니까?　〜ではありませんか。
오래간만　お久しぶり	그런데　ところで/ところが
아이　子供	그＋名詞　その〜　　이＋名詞　この〜
제　私の / 私(助詞「〜が(〜가)」が続くとき)	동생　妹/弟
대학생　[大学生]	고등학생　[高等学生]/高校生
아니오　いいえ	누구　誰

この課の文法と文型

1. 名詞＋가/이 아닙니다.
2. 이 / 그 / 저 / 어느
3. 제＋名詞

교과서**가** 아닙니다　　教科書ではありません。
(받침가 없고) 母音終わり

학생**이** 아닙니다　　学生ではありません。
子音 (받침) 終わり

注意　前の単語(主に名詞)が받침で終わるかを確認してから助詞をつけること。

練習 1) 보기에 따라서 否定文에 替えて言ってみましょう。

※ 助詞に気をつけること

보기　한국 사람　　한국 사람**이(/가)** 아닙니다.

① 교사 ________________________________

② 친구 ________________________________

③ 일본 사람 ________________________________

④ 중국 사람 ________________________________

⑤ 회사원 ________________________________

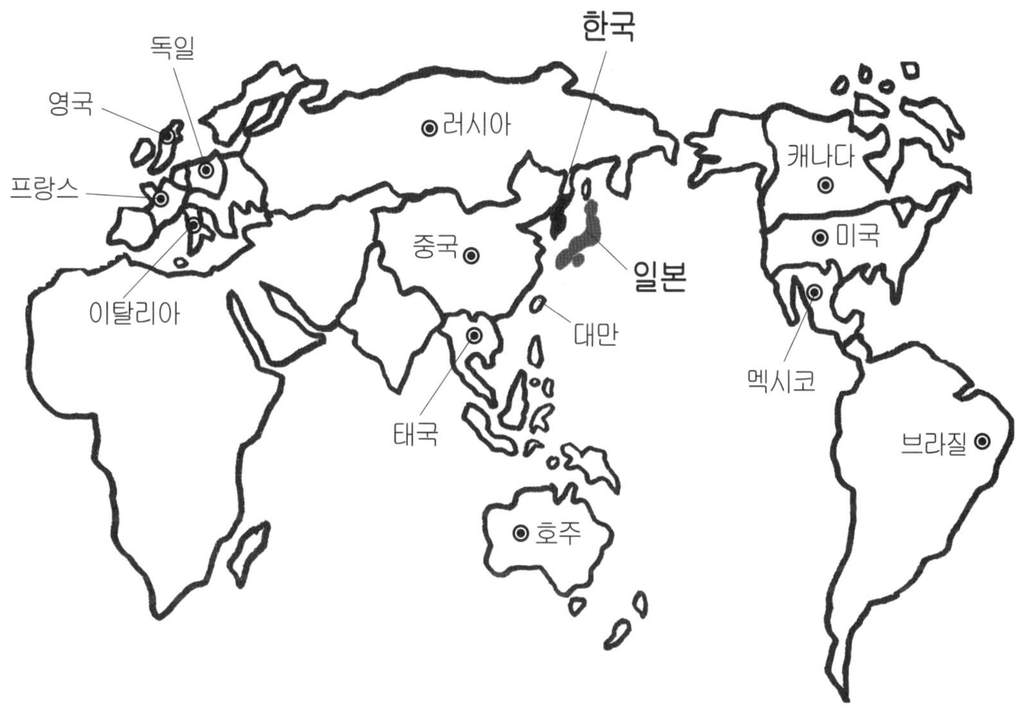

제6과 **학생이 아닙니다.** 学生ではありません。

디자이너 デザイナ-

미용사 [美容師]

배우 [俳優]

번역가 [翻訳]者

세무사 税理士

약사 薬剤師

요리사 調理師

운동 선수 [運動選手]

운전 기사 ドライバー

통역가 [通訳]者

프로그래머 プログラマー

練習 2) 보기에 따라서 会話文을つくり、言ってみましょう。

　　　보기　학생　　가 : 실례지만 학생입니까?
　　　　　　　　　　나 : 아니오, 저는 학생이(/가) 아닙니다.

　　　① 선생님　　가 : 실례지만, 　　　　　　　　　　?
　　　　(/교사)　　나 : 아니오,

　　　② 약사　　　가 : 실례지만, 　　　　　　　　　　?
　　　　　　　　　　나 : 아니오,

　　　③ 디자이너　가 :
　　　　　　　　　　나 :

　　　④ 통역가　　가 : 　　　　　　　　　　　　　　　?
　　　　　　　　　　나 :

　　　⑤ 요리사　　가 : 　　　　　　　　　　　　　　　?
　　　　　　　　　　나 :

START! 한국어

이 この	이것 これ	**여기** /이곳 ここ
그 その	그것 それ	**거기** /그곳 そこ
저 あの	저것 あれ	**저기** /저곳 あそこ
어느 どの	어느것 どれ /무엇 何	**어디** /어느곳 どこ

参考	この이 + 人사람 → この人 이 사람
	その人　그 사람　　あの人 저 사람　　どの人 어느 사람 / 誰 누구 になる。

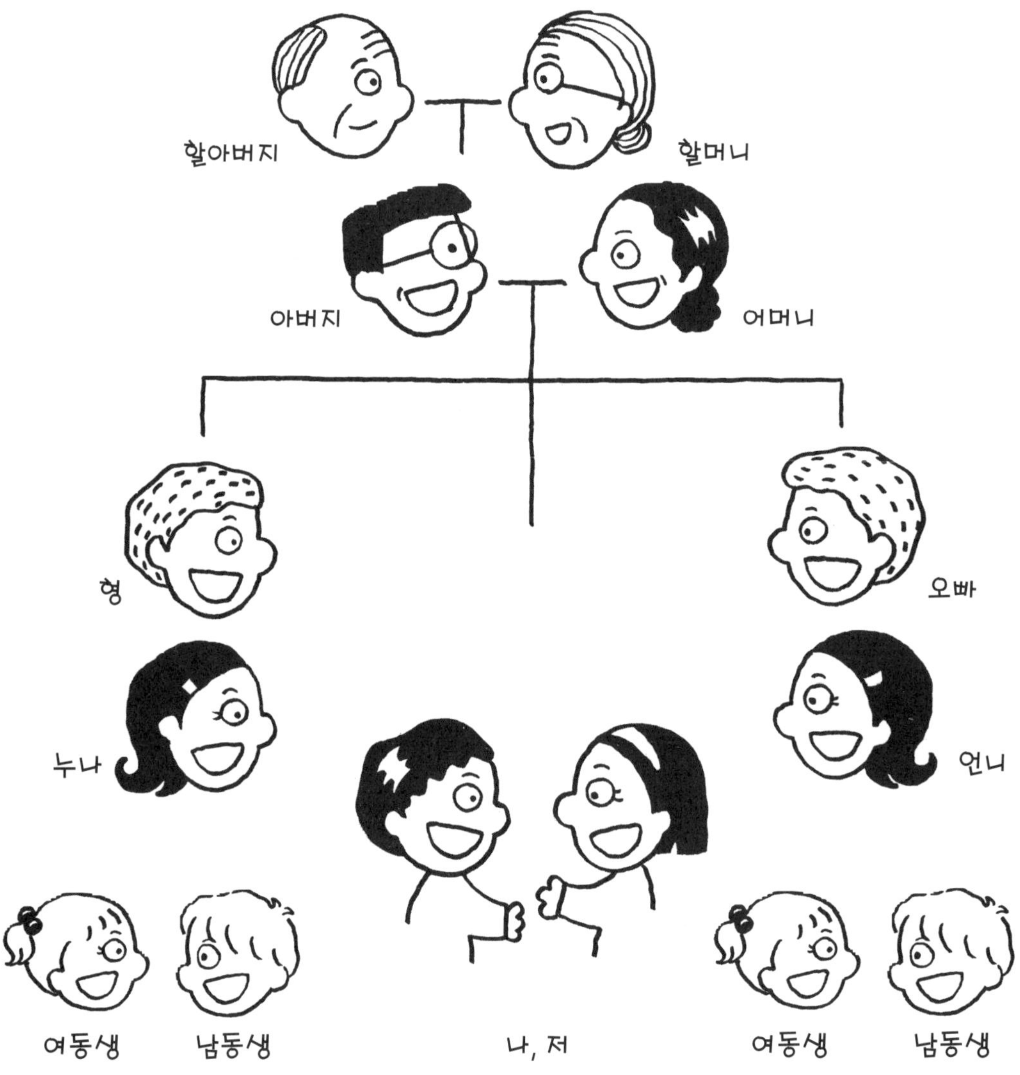

START! 한국어

練習 3) 보기에 나라って会話文をつくって言ってみましょう。

<table>
<tr><td>보기</td><td>(저 사람 / お母さん)</td></tr>
</table>

보기　(저 사람 / お母さん)
　　　가 : 저 사람은 **누구입니까?**
　　　나 : 저 사람은 어머니입니다.

① (이 사람 / お父さん)

　가 : ＿＿＿＿＿＿＿＿＿＿＿＿＿＿＿＿＿＿＿＿ ?

　나 : ＿＿＿＿＿＿＿＿＿＿＿＿＿＿＿＿＿＿＿＿

② (이 사람 / おじいさん)

　가 : ＿＿＿＿＿＿＿＿＿＿＿＿＿＿＿＿＿＿＿＿ ?

　나 : ＿＿＿＿＿＿＿＿＿＿＿＿＿＿＿＿＿＿＿＿

③ (그 사람 / おばあさん)

　가 : ＿＿＿＿＿＿＿＿＿＿＿＿＿＿＿＿＿＿＿＿

　나 : ＿＿＿＿＿＿＿＿＿＿＿＿＿＿＿＿＿＿＿＿

④ (그 사람 / 妹)

　가 : ＿＿＿＿＿＿＿＿＿＿＿＿＿＿＿＿＿＿＿＿

　나 : ＿＿＿＿＿＿＿＿＿＿＿＿＿＿＿＿＿＿＿＿

⑤ (저 사람 / 兄)

　가 : ＿＿＿＿＿＿＿＿＿＿＿＿＿＿＿＿＿＿＿＿

　나 : ＿＿＿＿＿＿＿＿＿＿＿＿＿＿＿＿＿＿＿＿

6-3 まとめ

● 名詞文の否定

	받침無し	받침有り
平叙文	～가 아닙니다	～이 아닙니다
疑問文	～가 아닙니까?	～이 아닙니까?

예　　스즈키 씨가 아닙니다.　鈴木さんではありません。

　　　제 동생이 아닙니다.　　私の妹(/弟)ではありません。

● 疑問文 – 誰

예　　친구는 누구입니까?　友達は誰ですか。

1. 보기에 ならって否定形文章にしなさい。

> **보기**　한국사람　　<u>한국사람이(/가) 아닙니다.</u>

① 학생　__________________________________

② 회사원　________________________________

③ 통역가　________________________________

④ 디자이너　______________________________

⑤ 일본 사람　____________________________

⑥ 중국 사람　____________________________

⑦ 대만 사람　____________________________

⑧ 미국 사람　____________________________

⑨ 선생님　________________________________

⑩ 친구　__________________________________

2. 次の語彙を韓国語に直し、5回ずつ書きなさい。

① この人　________________________________

② 会社員　________________________________

③ 大学生　________________________________

④ 先生　__________________________________

⑤ 日本人　________________________________

✎ 書く練習　　　作文。━━━━━━━━━━━━━━━━━━━━━━━━━■

① 失礼ですが、日本人ですか。＿＿＿＿＿＿＿＿＿＿＿＿＿＿＿＿

② いいえ、韓国人ではありません。＿＿＿＿＿＿＿＿＿＿＿＿＿

③ いいえ、我々は会社員ではありません。＿＿＿＿＿＿＿＿＿

④ いいえ、私たちは大学生ではありません。＿＿＿＿＿＿＿＿

⑤ 鈴木さんはアメリカ人ではありません。＿＿＿＿＿＿＿＿＿

⑥ いいえ、中国人ではありません。＿＿＿＿＿＿＿＿＿＿＿＿

⑦ 我々はイギリス人ではありません。＿＿＿＿＿＿＿＿＿＿＿

⑧ 妹は高校生ではありません。＿＿＿＿＿＿＿＿＿＿＿＿＿＿

⑨ 父は会社員ではありません。＿＿＿＿＿＿＿＿＿＿＿＿＿＿

⑩ あの人は友達ではありません。＿＿＿＿＿＿＿＿＿＿＿＿＿

32 1. 語彙

① ____________________   ⑥ ____________________

② ____________________   ⑦ ____________________

③ ____________________   ⑧ ____________________

④ ____________________   ⑨ ____________________

⑤ ____________________   ⑩ ____________________

33 2. (　　)の中に書き入れなさい。

① 저는 (　　　　)입니다.

② 저 사람은 (　　　　　)입니다.

③ 김철수 씨는 (　　　　)입니다.

④ 이 사람은(　　　　)이 아닙니다.

⑤ 어머니는(　　　　)이 아닙니다.

그게 뭐예요? それは何ですか。

－ 疑問文 [モノ] －

Dialogue

스즈키 : 그게 뭐예요?

김철수 : 이건 핸드폰 줄이에요.

스즈키 씨, 그건 뭐예요?

스즈키 : 한국어 책이에요.

김철수 : 이것도 책이에요?

스즈키 : 아니오, 그것은 책이 아니에요.

사전이에요.

김철수 : 무슨 사전이에요?

스즈키 : 한일 사전이에요.

発音

줄이에요 → **주리**예요	한국어 → 한**구거**
이것도 → 이**걷또**	책이에요 → **채기**예요
사전이에요 → 사**저니**예요	한일 → **하닐**

 **語彙**（[ ]は漢字語の場合、その表記）

그게/그건/그것은 それが/それは	이건/이것은 これは
핸드폰/휴대전화 [携帯電話]	줄 ひも/ストラップ
한국어 [韓国語]	책 本
～도 ～も	사전 [辞典]/ 辞書
한일 [韓日]	무슨 何の/どんな（※必ず体言が続く）

> ### この課の文法と文型
> 1. 이것/ 그것/ 저것/ 어느것, 무엇
> 2. 体言文の해요体：体言＋예요/이에요
> 3. 무슨＋体言（疑問文のとき）

7-1　指示詞－2

▶指示詞の話し言葉

이것은 これは	이건/이게 これは/これが
그것은 それは	그건/그게 それは/それが
저것은 あれは	저건/저게 あれは/あれが
어느것 どれ	어느건/어느게 どれは/どれが
무엇 何	뭐/뭐가 何、何が

7-2　解요体　～입니다の해요体

体言＋예요(?) / ～이에요(?) ： ～です(か)　　*받침の有無

해요体とは： 日常でよく使う、うちとけた丁寧な言葉づかい

平叙文・疑問文同一

받침の無い体言　＋「예요」

교과서 ＋ 예요　　→　교과서예요　教科書です。

받침のある体言　＋「이에요」

책 ＋ 이에요　　→　책이에요　本です。

注意　　「이에요」の発音は「이예요」となる。
　　　　否定形「～아니다」は「～(이/가)아니에요」となる。
ポイント　疑問文は、平叙文と同じ形で語尾を上げればOK

練習 1）보기에 따라서 質問と答えを書いて發音してみましょう。

보기　これが / 辞書
가 : 이게 **뭐예요?**　　나 : 그건 사전**이에요.**

① これが/ 筆箱필통　가:＿＿＿＿＿＿＿＿＿　나:＿＿＿＿＿＿＿＿＿

② これが/ 手帳수첩　가:＿＿＿＿＿＿＿＿＿　나:＿＿＿＿＿＿＿＿＿

③ それが/ シャープペンシル샤프 펜슬

　　　　가:＿＿＿＿＿＿＿＿＿　나:＿＿＿＿＿＿＿＿＿

④ それが/ 鉛筆 [연필] 가:＿＿＿＿＿＿＿＿＿　나:＿＿＿＿＿＿＿＿＿

⑤ あれが/ 万年筆 [만년필]

　　　　가:＿＿＿＿＿＿＿＿＿　나:＿＿＿＿＿＿＿＿＿

⑥ あれが/ ボールペン볼펜

　　　　가:＿＿＿＿＿＿＿＿＿　나:＿＿＿＿＿＿＿＿＿

⑦ これが/ 蛍光ペン [형광]펜

　　　　가:＿＿＿＿＿＿＿＿＿　나:＿＿＿＿＿＿＿＿＿

⑧ それが/ 消しゴム지우개

　　　　가:＿＿＿＿＿＿＿＿＿　나:＿＿＿＿＿＿＿＿＿

⑨ これが/ 教科書 [교과서]

　　　　가:＿＿＿＿＿＿＿＿＿　나:＿＿＿＿＿＿＿＿＿

⑩ あれが/ ノート공책　가:＿＿＿＿＿＿＿＿＿　나:＿＿＿＿＿＿＿＿＿

練習 2) 보기のように疑問文と否定文を作って発音してみましょう。

보기　이건 / 연필 ： 볼펜
　　　가 : 이건 연필이에요?
　　　나 : 아니오, 그건 연필이 아니에요. 볼펜이에요.

① 이건 / 교과서 ： 소설책

　가 : _________________ ? 나 : 아니오, _________________ .

② 그건 / 책 ： 사전

　가 : _________________ ? 나 : 아니오, _________________ .

③ 이건 / 수첩手帳 ： 공책

　가 : _________________ ? 나 : 아니오, _________________ .

④ 저건 / 잡지 ： 신문[新聞]

　가 : _________________ ? 나 : 아니오, _________________ .

⑤ 이건 / 볼펜 ： 만년필

　가 : _________________ ? 나 : 아니오, _________________ .

⑥ 이건 / 디지털카메라デジカメ ： 핸드폰

　가 : _________________ ? 나 : _________________

⑦ 저건 / 책상机 ： 의자[椅子]

　가 : _________________ ? 나 : _________________

⑧ 이건 / 텔레비전 ： 컴퓨터

　가 : _________________ ? 나 : _________________

⑨ 그건 / 한일사전 ： 일한사전

　가 : _________________ ? 나 : _________________

⑩ 저건 / 화분植木鉢 ： 휴지통ごみ箱

　가 : _________________ ? 나 : _________________

疑問文　이건 **무슨** 책이에요?　これは何の本ですか。

練習 3) 보기のように質問と返事を書いて発音してみましょう。

보기　이건 / 책 ： 영어책
　　　　가 : 이건 **무슨** 책이에요?　　나 : 그건 영어 책이에요.

① 이건 / 사전　： 한영사전

　　가 : _________________ ?　나 : _________________

② 그건 / 교과서　： 한국어 교과서

　　가 : _________________ ?　나 : _________________

③ 이건 / 신문　： 경제신문[経済新聞]

　　가 : _________________　나 : _________________

④ 그건 / 잡지[雑誌]　： 스포츠 잡지

　　가 : _________________　나 : _________________

⑤ 그건 / 시계[時計]　： 손목 시계腕[時計]

　　가 : _________________　나 : _________________

7-4　まとめ

●体言文の해요体

	ます形	해요体(받침有り/받침無し)
叙述形	～입니다	～이에요　/ ～예요
疑問文	～입니까?	～이에요? / ～예요?

예　이건 교과서예요. これは教科書です。

　　제 여동생은 고등 학생이에요. 私の妹は高校生です。

　　저건 뭐예요？　あれは何ですか。

「입니다」と「이에요」の使い分け

　　　かしこまった場で使う丁重な形(～입니다)　　うちとけた丁寧な形(～이에요)

[学生] ですか。　　　　학생입니까?　　　　학생이에요?

はい、[大学生] です。　네, 대학생입니다.　　네, 대학생이에요.

[専攻] が何ですか。　　전공이 무엇입니까?　전공이 뭐예요?

[経済学] です。　　　　경제학입니다.　　　경제학이에요.

● 무슨＋体言（何の＋体言）

「何」に体言が続くときは、무슨＋体言に、

「～ですか」が続くときは、무엇입니까?/뭐예요?になる。

예　何の本　무슨 책

　　何の[映画]　무슨 영화

ドリル7

1. 単語　　発音しながら5回ずつ書きなさい。

① 책

② 교과서

③ 사전

④ 공책

⑤ 연필

⑥ 볼펜

⑦ 핸드폰

⑧ 가방

⑨ 컴퓨터

⑩ 신문

2. 文章　　発音しながら2回ずつ書きなさい。

① 이게 뭐예요?

② 그건 책이에요.

③ 저건 무슨 교과서예요?

④ 저건 일본어 교과서예요.

⑤ 이건 사전이 아니에요.

🖉 **書く練習**　　　作文 --■

① これは何ですか。　_______________________

② それは机ですか。　_______________________

③ いいえ、これは本ではありません。　_______________________

④ どれが教科書ですか。　_______________________

⑤ あれが辞書です。　_______________________

⑥ これは何の本ですか。　_______________________

⑦ それは英語の本です。　_______________________

⑧ それは私のカバンです。　_______________________

⑨ お父さんの時計はどれですか。　_______________________

⑩ 専攻[전공]は何ですか。　_______________________

37 1. 語彙

① ______	⑥ ______
② ______	⑦ ______
③ ______	⑧ ______
④ ______	⑨ ______
⑤ ______	⑩ ______

38 2. (　　)の中に単語を書き入れなさい。

① 저게 (　　)예요?

② 이건 (　　　)이에요.

③ 그건 (　　　　)이에요.

④ 사전은 (　　　)예요?

⑤ 이건 아버지 (　　)이 아니에요.

도서관이 어디예요? 図書館がどこですか。

- 疑問文 [場所] -

Dialogue

사토(佐藤) : 저…, 도서관이 어디예요?

이 영 민 : 정문 옆에 있습니다.

사　　토 : 이 건물은 뭐예요?

이 영 민 : 강의실입니다.

사　　토 : 화장실은 어디에 있습니까?

이 영 민 : 저 계단 뒤에 있습니다.

사　　토 : 그럼, 매점은 어디에 있습니까?

이 영 민 : 휴게실 안에 있어요.

発音

도서관이 → 도서**과니**　　　　　옆에 → **여폐**

있습니다 → **읻씀**니다　　　　건물이에요 → 건**무리예**요

강의실　→ 강**이**실　　　　　강의실입니다 → 강**이시림**니다
　　　　※下の「※「의」の発音」説明 参照

있어요　→ **이써**요　　　　　화장실은 → 화장**시른**

매점은　→ 매**저믄**　　　　　안에　　→ **아네**

※「의」の発音　① 語頭にくるときは「의」
　　　　　　　② 語中にくるときは「이」
　　　　　　　③ 助詞の場合は「에」

語彙（[ ]は漢字語の場合、その表記）

저… 　あの(声をかけるとき)　　　도서관　[図書館]

어디　どこ　　　　　　　　　　정문　[正門]

옆　隣 / 横 / そば　　　　　　　～에　～に

있습니다/있어요　あります/います

건물　[建物]　　　　　　　　　강의실　[講義室]

화장실　[化粧室]　　　　　　　있습니까?　ありますか/いますか

계단　[階段]　　　　　　　　　뒤에　後ろに

그림　(それ) では　　　　　　　매점　[売店]

휴게실　[休憩室]　　　　　　　안에　中に / 奥に

この課の文法と文型

1. 어디 (場所/位置の疑問詞)

2. 存在詞　있습니다 / 있어요

3. 体言＋에

●**누구**(誰)　저 사람은 누구입니까?　あの人は誰ですか。

> 注意　ただし、「누구」に主格助詞「～가」が付くと「누가」という形になる。

예)　누가 있어요?　誰がいますか。

●**몇**(何～)　몇 사람이에요?　何人ですか。

> 注意　大体、助数詞(数えるモノ－時間/個数/回数など)とともに使う。

예)　몇 시예요?　何時ですか。

　　　몇 개 있어요?　何個ありますか。

●**무엇**(何)　이것은 무엇입니까?　これは何ですか。

> 注意　名詞の疑問詞。数詞には使えない。

次に名詞が続くときは、「무슨」という形に変わる。　　7-4まとめ　参照

예)　무슨 날입니까?　何の日ですか。

●**어디**(どこ)　어디에 있습니까?　どこにありますか。

> ※たいがい「～에 に」を伴うが、会話文では省略しても構わない。

●**언제**(いつ)　언제 만납니까?　いつ会いますか。

●**얼마**(いくら)　이것은 얼마입니까?/이거 얼마예요?　これはいくらですか。

8-2 位置 / 場所

41

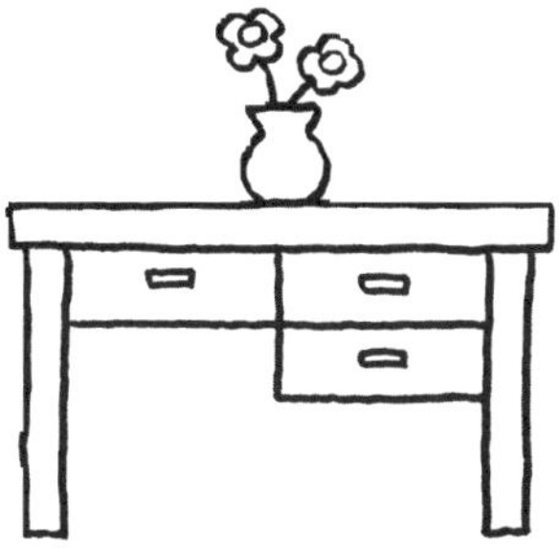

위

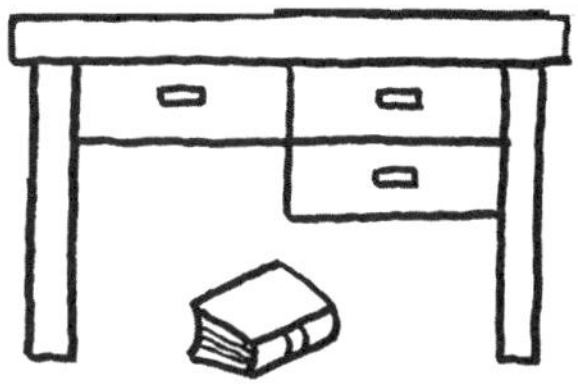

아래/밑

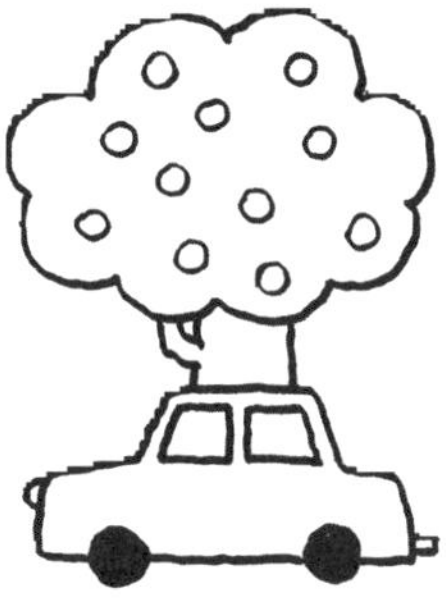

앞

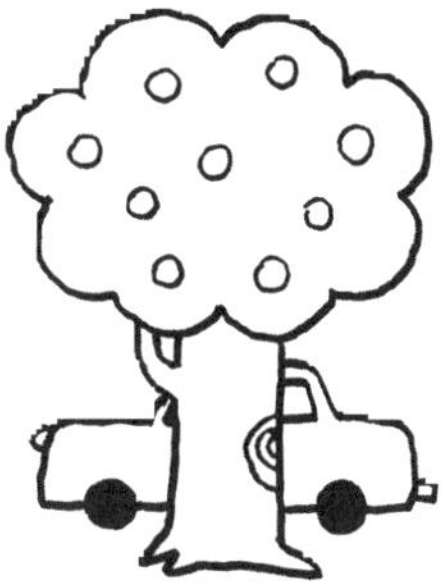

뒤

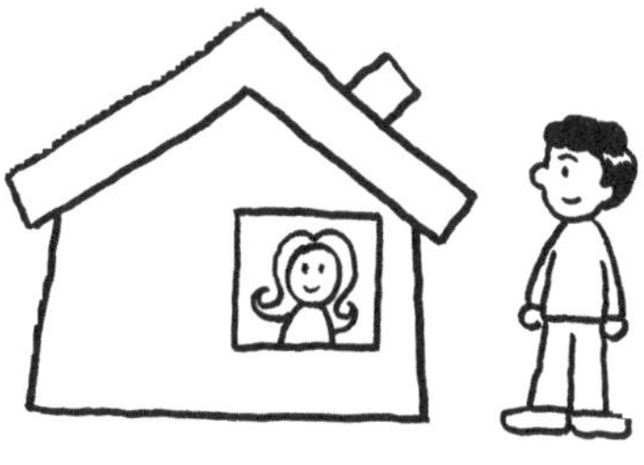

안 밖

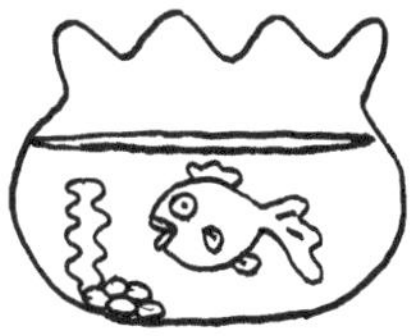

속

上に	下に	前に	後に	中に	外に
위에	아래에/밑에	앞에	뒤에	안에/속에	밖에

※「안」は空間的な内部を、「속」は物体・液体の内部や自然と関る ものを示す。

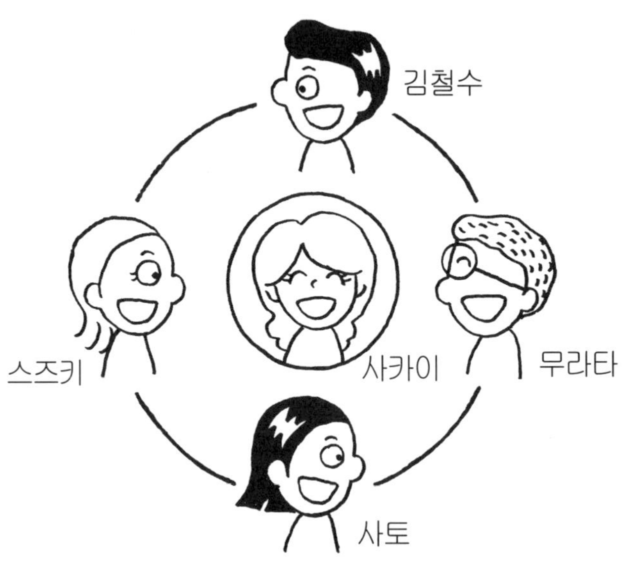

練習 1) 絵をみて質問に返事をしなさい。

42

> 보기　사카이 씨는 어디에 있어요?　　사토 씨 뒤에 있어요.

① 사토 씨는 어디에 있어요? ___________________________

② 김철수 씨는 어디에 있어요? ___________________________

③ 스즈키 씨는 어디에 있어요? ___________________________

④ 사카이 씨 오른쪽에 누가 있어요? ___________________________

⑤ 사카이 씨 앞에 누가 있어요? ___________________________

위치 [位置]

앞 前	뒤 後	옆 橫/隣/そば	위 上	아래/밑 下	안/속 奧/中/内
밖 外	사이 間	가운데 真ん中	오른쪽 右	왼쪽 左	가까이 近く
건너편 向い側/向う側		근처 近所	주위 周り		
동쪽 東	서쪽 西	남쪽 南	북쪽 北	동서남북 [東西南北]	

注意：位置を表す言葉の前にくる助詞（の「의」）は、韓国語に直すときは省略すること。

START! 한국어

練習 2) 正しい返事に✔をつけなさい。

43

	있습니다	없습니다
보기　교실에 전화기가 있습니까?		✔
① 선생님 뒤에 칠판이 있습니까?		
② 권우 옆에 미은이가 있습니까?		
③ 미은이 오른쪽에 야요이가 있습니까?		
④ 야요이 책상 안에 책이 있습니까?		
⑤ 권우 오른쪽에 야요이가 있습니까?		
⑥ 야요이 앞에 권우가 있습니까?		
⑦ 칠판 왼쪽에 세계지도가 있습니까?		
⑧ 권우하고 미은이 사이에 야요이가 있습니까?		
⑨ 미은이 책상 위에 필통이 있습니까?		
⑩ 야요이 오른쪽에 미은이가 있습니까?		

練習 3) 絵をみて、보기のように返事をしなさい。

<table>
<tr><td>보기</td><td>책상 앞에 무엇이 있습니까?
의자가 있습니다.</td><td>책은 어디에 있어요?
가방 안에 있어요.</td></tr>
</table>

 ① 책상 위에 무엇이 있습니까?　　　⑥ 전화기는 어디에 있어요?

_______________________　　　_______________________

 ② 전화기 옆에 무엇이 있습니까?　　⑦ 컴퓨터는 어디에 있어요?

_______________________　　　_______________________

 ③ 창문 옆에 무엇이 있습니까?　　　⑧ 가방은 어디에 있어요?

_______________________　　　_______________________

 ④ 가방 안에 무엇이 있습니까?　　　⑨ 의자는 어디에 있어요?

_______________________　　　_______________________

 ⑤ 의자 위에 무엇이 있습니까?　　　⑩ 휴지통은 어디에 있어요?

_______________________　　　_______________________

START! 한국어

練習 4) 보기에 ならって [＿＿] を入れ替えて言ってみましょう。

> 보기　대학 / 여기
>
> 가 : 대학은(/는) 어디입니까?　　나 : 대학은(/는) 여기입니다.

① 매점[売店] / 이 건물[建物] 안

가 : _______________________　　나 : _______________________

② 휴게실[休憩室] / 매점 옆

가 : _______________________　　나 : _______________________

③ 식당[食堂] / 저 건물

가 : _______________________　　나 : _______________________

④ 화장실[化粧室] / 계단[階段] 왼쪽

가 : _______________________　　나 : _______________________

⑤ 도서관[図書館] / 강의실[講義室] 건너편

가 : _______________________　　나 : _______________________

練習 5) 보기의 ように 質問と返事を書いて発音しなさい。

보기　공원 / 병원 왼쪽

　　　가 : 공원은 어디에 있어요?　　나 : 병원 왼쪽에 있어요.

① 병원 / 공원 옆

　　가 : ____________________　　나 : ____________________

② 역 / 은행 뒤

　　가 : ____________________　　나 : ____________________

③ 책방 / 꽃집 옆

　　가 : ____________________　　나 : ____________________

④ 우체국 / 커피숍 왼쪽

　　가 : ____________________　　나 : ____________________

⑤ 편의점 / 영화관 오른쪽

가: ______________________   나: ______________________

⑥ 주유소 / 은행 왼쪽

가: ______________________   나: ______________________

⑦ 구청 / 미용실 건너편

가: ______________________   나: ______________________

⑧ 영화관 / 레스토랑 위

가: ______________________   나: ______________________

⑨ 레스토랑 / 편의점 옆

가: ______________________   나: ______________________

⑩ 교회 / 우체국 왼쪽

가: ______________________   나: ______________________

いろんな場所(여러가지 장소)

가게店	경찰서[警察署]	공원[公園]	교회[教会]	구청区役所
극장[劇場]/映画館	꽃집 花屋	대학[大学]	레스토랑 レストラン	
미용실[美容室]	병원[病院]	서점/책방[書店]/本屋	소방서[消防署]	
슈퍼마켓スーパーマーケット	시장[市場]	식당[食堂]	약국[薬局]	역[駅]
영화관[映画館]	우체국 郵便局	은행[銀行]	이발소 床屋	
주유소 ガソリンスタンド	집 家	주차장[駐車場]	커피숍コーヒーショップ	
파출소 交番	편의점 コンビニ	학교[学校]	학원 塾/子備校	호텔 ホテル

注意　「편의점」は　편이점 → 「펴니점」と発音する。

8-3 まとめ

●存在詞

	ます形	해요体
平叙文	있습니다	있어요
疑問文	있습니까?	있어요?

●疑問詞

예 학교가 **어디**예요?　学校がどこですか。

교실에 **누가** 있어요?　教室に誰がいますか。

1. 単語　　発音しながら5回ずつ書きなさい。

① 강의실 ______________________

② 교실 ______________________

③ 대학 ______________________

④ 도서관 ______________________

⑤ 매점 ______________________

⑥ 식당 ______________________

⑦ 역 ______________________

⑧ 집 ______________________

⑨ 편의점 ______________________
　　※「의」の発音参照

⑩ 화장실 ______________________

2. 文章　　発音しながら2回ずつ書きなさい。

① 집이 어디예요? ______________________

② 학교는 역 가까이에 있어요. ______________________

③ 매점 뒤에 식당이 있어요. ______________________

④ 책상 위에 책이 있어요. ______________________

⑤ 가방 안에 무엇이(= 뭐가) 있어요? ______________________

3. 보기에ならって＿＿＿을 書き換えなさい。

보기　책 / 책상 위

　　가 : 책은(/는) 어디에 있어요?　　나 : 책상 위에 있습니다.

① 샤프 펜슬/필통 안　가 :　　　　　　　　　　나 :

② 교과서/책상 안　가 :　　　　　　　　　　나 :

③ 지우개/연필 옆　가 :　　　　　　　　　　나 :

④ 컴퓨터/책상 위　가 :　　　　　　　　　　나 :

⑤ 전화기/컴퓨터 옆　가 :　　　　　　　　　　나 :

⑥ 가방/의자 왼쪽　가 :　　　　　　　　　　나 :

⑦ 휴지통/테이블 앞　가 :　　　　　　　　　　나 :

⑧ 매점/휴게실 안　가 :　　　　　　　　　　나 :

⑨ 휴게실/식당 옆　가 :　　　　　　　　　　나 :

⑩ 은행/역 오른쪽　가 :　　　　　　　　　　나 :

⑪ 편의점/우체국 옆　가 :　　　　　　　　　　나 :

⑫ 회사/역하고 공원 사이

　　가 :　　　　　　　　　　나 :

✏ 書く練習　　　作文 --■

1. 疑問詞

① ここはどこですか。＿＿＿＿＿＿＿＿＿＿＿＿＿＿＿＿

② 大学はどこにありますか。＿＿＿＿＿＿＿＿＿＿＿＿

③ 教室の中に誰がいますか。＿＿＿＿＿＿＿＿＿＿＿＿

④ カバンの 中に何がありますか。＿＿＿＿＿＿＿＿＿

⑤ それは何の辞書ですか。＿＿＿＿＿＿＿＿＿＿＿＿＿

2. 位置

① 郵便局はどこにありますか。＿＿＿＿＿＿＿＿＿＿＿

② 駅の隣にあります。＿＿＿＿＿＿＿＿＿＿＿＿＿＿＿

③ 銀行の後ろに公園があります。＿＿＿＿＿＿＿＿＿＿

④ 家の近くにコンビニがあります。＿＿＿＿＿＿＿＿＿

⑤ 休憩室は食堂の横にあります。＿＿＿＿＿＿＿＿＿＿

⑥ 売店は休憩室の中にあります。＿＿＿＿＿＿＿＿＿＿

⑦ 自動販売機は売店の外にあります。＿＿＿＿＿＿＿＿
　　＊自動販売機　자동판매기(자판기)。

⑧ 教室は階段の右にあります。＿＿＿＿＿＿＿＿＿＿＿

⑨ トイレは階段の左にあります。＿＿＿＿＿＿＿＿＿＿

⑩ 守衛室[수위실]は正門[정문]の内側にあります。＿＿＿＿＿＿

46 1. 語彙

① ______________________   ⑥ ______________________

② ______________________   ⑦ ______________________

③ ______________________   ⑧ ______________________

④ ______________________   ⑨ ______________________

⑤ ______________________   ⑩ ______________________

47 2. 文章

① ______________________

② ______________________

③ ______________________

④ ______________________

⑤ ______________________

問題）上の絵を見て質問に答えなさい。

① ______________________________________

② ______________________________________

③ ______________________________________

④ ______________________________________

⑤ ______________________________________

⑥ ______________________________________

⑦ ______________________________________

⑧ ______________________________________

⑨ ______________________________________

⑩ ______________________________________

어디에 갑니까? どこに行きますか。

— 動詞 / 用言文 —

Dialogue

안　도 : 어디에 갑니까?

이영민 : 친구를 만나러 도서관에 갑니다.

안　도 : 도서관에서 무엇을 합니까?

이영민 : 친구하고 함께 공부를 합니다.

안　도 : 무슨 공부를 합니까?

이영민 : 기말 시험 공부를 합니다.

안　도 : 열심히 하세요.

発音

갑니까 → **감**니까　　　　도서관에 → 도서**과네**

갑니다 → **감**니다　　　　무엇을 → 무**어슬**

합니까 → **함**니까　　　　합니다 → **함**니다

 **語彙** （[　]は漢字語の場合、その表記）

갑니까(基 가다)　行きますか　　　　친구[親旧]　友達

〜를/〜을　〜を　　　　만나러(基 만나다)　会いに　　 받침の有無

〜에서　〜で(場所)　　　　합니까?(基 하다)　しますか

〜하고　〜と　　　　함께　一緒に

공부[工夫]　勉強　　　　기말 시험　[期末試験]

열심히 하세요　頑張って下さい

この課の文法と文型

1. 助詞　体言＋을/를

2. 〃　　　＋에서

3. 〃　　　＋하고

4. 〜ㅂ니다/습니다　動詞のます形。

5. 動詞語幹＋(으)러

6. 動詞語幹＋(으)세요

9-1 母音語幹 + ㅂ니다 / 子音語幹 + 습니다 : ～ます / ～です

*받침の有無

用言のます形 (합니다体)

語幹とは?　言葉の幹という意味。

韓国語の用言の基本形はすべて「다」で終わる。

この「다」の前の部分までを「語幹」という。

하다 する	하 + 다	합니다
基本形	語幹　語尾	します

먹다 食べる	먹 + 다	먹습니다
基本形	語幹　語尾	食べます

살다 住む/暮らす	살 + 다	삽니다
基本形	語幹　語尾	住みます/暮らします

注意　「ㄹ」받침で終わる動詞は「습니다」を付けず、「ㄹ」を取って「ㅂ니다」を付ける。

ポイント　動詞/形容詞/存在詞も同様に活用

練習 1) 보기에 따라서 다음 단어를 입력해서 返事を書き、発音しなさい。

보기　어디에 갑니까?　　(学校) 학교에 갑니다.

① 公園 _______________________________

② 映画館 _______________________________

③ コンビニ _______________________________

④ 本屋 _______________________________

⑤ 銀行 _______________________________

動詞
[동사]

가다
오다
일어나다
자다
마시다
먹다
보다
듣다
웃다
울다
열다
닫다
(공부를)하다
(일을)하다
(운동을)하다
쉬다
(빨래를) 하다
(청소)하다
입다
벗다
만나다
헤어지다
사다
씻다
읽다
쓰다
피우다
(전화를)걸다
(춤을)추다
부르다

▶動詞 -ます形を書きなさい。

받침のない動詞	動詞語幹 + ㅂ니다	받침のある動詞	動詞語幹 + 습니다
基本形(原形)	ます形	基本形(原形)	ます形
가다 行く	갑니다	닫다 閉める/閉じる	닫습니다
마시다 飲む	마십니다	듣다 聞く	
만나다 会う		먹다 食べる	
보다 見る		벗다 脱ぐ	
부르다 歌う / 呼ぶ		씻다 洗う	
사다 買う		웃다 笑う	
쉬다 休む / 一服する		읽다 読む	
쓰다 書く / 使う		입다 着る/履く	
오다 来る		「ㄹ」받침の動詞	「ㄹ」を取って + ㅂ니다
일어나다 起きる		基本形(原形)	ます形
자다 寝る		갈다 耕す / 削る	갑니다
추다 踊る		걸다 かける	
피우다 吸う		달다 つける	
하다 する		불다 吹く	

*「〜に会う」は「〜을/를 만나다」になる。

P168 助詞参照

살다 住む / 暮らす	
열다 開ける	
울다 泣く	
졸다 居眠りする	
팔다 売る	

9-2 助詞 ～를/을：～を

*받침の有無

体言の後に続き、動作・作用の対象を表す。

공부**를** 합니다. 勉強をします。
(받침が無く)母音終わり

책**을** 읽습니다. 本を読みます。
(받침有り)子音終わり

練習 2) 보기에 따라 韓国語に直して言ってみましょう。

보기　友達に会います。　　친구를 만납니다.

① コーヒーを飲みます。______________________

② 映画[영화]を見ます。______________________

③ 本を買います。______________________

④ 手紙[편지]を書きます。______________________

⑤ 宿題[숙제]をします。______________________

⑥ ドアを閉めます。______________________

⑦ 音楽[음악]を聞きます。______________________

⑧ ご飯[밥]を食べます。______________________

⑨ 新聞[신문]を読みます。______________________

⑩ 地下鉄に乗ります。______________________

9-3　助詞　〜에서：〜で / 〜において

*固定形

動作が行われる場所を示す。

도서관에서　책을 읽습니다.　図書館で本を読みます。

9-4　助詞　〜하고：〜と

*固定形

① 並列の意を表す。
② 共に行動する相手を表す。

친구하고　만납니다.　友達と会います。

※同じ意味で「〜와/〜과」もある。　받침の有無

친구와　만납니다.　友達と会います。
　　　(받침が無く)母音終わり

선생님과　만납니다.　先生と会います。
　　　(받침有り)子音終わり

練習 3) 보기에 따라 韓国語に直して言ってみましょう。

보기　家でテレビを見ます。　　집에서 텔레비전을 봅니다.

① 図書館で本を読みます。＿＿＿＿＿＿＿＿＿＿＿＿＿＿＿

② 教室で勉強をします。＿＿＿＿＿＿＿＿＿＿＿＿＿＿＿

③ 食堂でお昼점심を食べます。＿＿＿＿＿＿＿＿＿＿＿＿

④ 本屋で本を買います。＿＿＿＿＿＿＿＿＿＿＿＿＿＿

⑤ コーヒーショップで友達と会います。＿＿＿＿＿＿＿＿＿＿

動詞の語幹に続き、目的を表す。

공부하**러** 갑니다. 勉強しに行きます。
(받침が無く)母音終わり

먹**으러** 갑니다. 食べに行きます。
(받침有り)子音終わり

注意　「ㄹ」받침の場合は、받침がない動詞と同様。
예) 열다 開ける → 열러 開けに

練習 4) 보기에 따라서 문장을 完成させ、訳しなさい。
[51]

보기　하다　공부(하러) 학교에 갑니다. 勉強しに学校へ行きます。

① 읽다　　　책을 (　　　러) 도서관에 갑니다.

② 먹다　　　점심을 (　　　러) 식당에 갑니다.

③ 보다　　　영화를 (　　　) 영화관[映画館]에 갑니다.

④ 씻다　　　손을 (　　　) 화장실에 갑니다.

⑤ 하다　　　운동을 (　　　) 스포츠 센터スポーツセンター에 갑니다.

⑥ 부르다　　노래를 (　　　) 노래방カラオケルーム에 가요.

⑦ 쉬다　　　잠깐 (　　　) 휴게실에 가요.

⑧ 닫다　　　창문을 (　　　) 가요.

⑨ 사다　　　꽃을 (　　　) 꽃집에 가요.

⑩ 부치다送る　소포[小包]를 (　　　) 우체국에 가요.

練習 5) 보기에 ならって韓国語に直して言ってみましょう。

보기　先生に会いに行きます。　　선생님을 만나러 갑니다.

① 映画を見に行きます。　______________________

② 窓を閉めに行きます。　______________________

③ タバコを吸いに行きます。　______________________

④ お昼を食べに行きます。　______________________

⑤ 本を読みに行きます。　______________________

⑥ 運動をしに行きます。　______________________

⑦ ズボンを買いに行きます。　______________________

⑧ 宿題をしに行きます。　______________________

⑨ 手紙を送りに行きます。　______________________

⑩ 手を洗いに行きます。　______________________

9-6　まとめ

●動詞のます形

	받침無し	받침有り
平叙文	語幹 ＋ㅂ니다	語幹＋습니다
疑問文	語幹 ＋ㅂ니까?	語幹＋습니까?

예　합니까? しますか。
　　먹습니까? 食べますか。

●動詞の活用　〜(し)に

받침無し/ㄹ받침	받침有り
語幹 ＋러	語幹＋으러

예　만나러　会いに
　　읽으러　読みに
　　걸러　　かけに

1. 語彙　　発音しながら5回ずつ書きなさい。

① 가다

② 오다

③ 만나다

④ 보다

⑤ 쓰다

⑥ 하다

⑦ 듣다

⑧ 먹다

⑨ 읽다

⑩ 살다

2. 動詞のます形　　発音しながら5回ずつ書きなさい。

① 갑니다.

② 만납니다.

③ 합니다.

④ 먹습니다.

⑤ 읽습니다.

⑥ 일어납니다.

⑦ 잡니다.

⑧ 마십니다.

⑨ 씻습니다.

⑩ 삽니다.

3. **文章**　　　発音しながら2回ずつ書きなさい。

① 편지를 씁니다.

② 음악을 듣습니다.

③ 휴게실에서 쉽니다.

④ 교실에서 영어 공부를 합니다.

⑤ 동생하고 함께 영화를 봅니다.

⑥ 커피숍에서 커피를 마십니다.

⑦ 책을 사러 책방에 갑니다.

⑧ 친구를 만나러 공원에 갑니다.

⑨ 책을 읽으러 도서관에 갑니다.

⑩ 전화를 겁니다.

✎ **書く練習**　　　作文 --■

1. 動詞の基本形を書きなさい。

① 갑니다 ＿＿＿＿＿＿＿＿　⑥ 봅니다 ＿＿＿＿＿＿＿＿

② 듣습니다 ＿＿＿＿＿＿＿＿　⑦ 삽니다(住む) ＿＿＿＿＿＿＿＿

③ 마십니다 ＿＿＿＿＿＿＿＿　⑧ 씻습니다 ＿＿＿＿＿＿＿＿

④ 만납니다 ＿＿＿＿＿＿＿＿　⑨ 읽습니다 ＿＿＿＿＿＿＿＿

⑤ 먹습니다 ＿＿＿＿＿＿＿＿　⑩ 겁니다 ＿＿＿＿＿＿＿＿

2. 作文

① どこへ行きますか。 ＿＿＿＿＿＿＿＿＿＿＿＿＿＿＿

② 郵便局へ行きます。 ＿＿＿＿＿＿＿＿＿＿＿＿＿＿＿

③ 妹と一緒に映画を見ます。 ＿＿＿＿＿＿＿＿＿＿＿

④ 百貨店[백화점]で靴구두を買います。 ＿＿＿＿＿＿

⑤ 休憩室で友達と話します。 ＿＿＿＿＿＿＿＿＿＿＿
　　　*話す 이야기하다/말하다

⑥ 何をしに行きますか。 ＿＿＿＿＿＿＿＿＿＿＿＿＿

⑦ 図書館で韓国語の宿題をします。 ＿＿＿＿＿＿＿

⑧ 友達と会いにコーヒーショップへ行きます。 ＿＿

⑨ 食事[식사]をしに食堂へ行きます。 ＿＿＿＿＿＿

⑩ 手を洗いにトイレへ行きます。 ＿＿＿＿＿＿＿＿

52 1. 語彙

① _______________ ⑥ _______________

② _______________ ⑦ _______________

③ _______________ ⑧ _______________

④ _______________ ⑨ _______________

⑤ _______________ ⑩ _______________

53 2. 文章

① _______________

② _______________

③ _______________

④ _______________

⑤ _______________

⑥ _______________

⑦ _______________

⑧ _______________

⑨ _______________

⑩ _______________

54②

지금 뭐하고 계세요? 今、何をしていらっしゃいますか。

− 動詞の進行形 / 敬語 / 用言の否定文 −

Dialogue

스즈키 : 지금 뭐하고 계세요?

오카다 : 한국어 공부를 하고 있습니다.

스즈키 : 한국어는 어렵습니까?

오카다 : 아니오, 그다지 어렵지 않습니다.

스즈키 : 그런데, 한국에는 언제 가십니까?

오카다 : 다음주 화요일에 갑니다.

스즈키 : 조심해서 다녀오세요.

発音

한국어 → 한**구거**   어렵습니까 → 어렵**씀**니까

어렵지 않습니다 → 어렵**찌 안씀**니다   가십니까 → 가**심**니까

다음주 → 다음**쭈**   화요일에 → 화요**이레**

語彙 ([　]は漢字語の場合、その表記)

지금　今   動詞＋고 있다　〜(し)ている

한국어　[韓国語]   아니오　いいえ

어렵습니까(墓어렵다)　難しいですか   〜지 않습니다　〜くありません

그다지　それほど   언제　いつ

〜에는　〜には   다음　つぎ　　주 [週]　　다음주　来週

가십니까　行かれますか   요일　[曜日]

조심해서 다녀오세요　お気をつけて行っていらっしゃい。

この課の文法と文型

1. 動詞の尊敬形

2. 動詞の語幹＋(으)세요　　받침의 유무

3. 動詞の進行形　　〜고 있다

4. 曜日

5. 形容詞

6. 用言の否定文　　〜지 않다

1 一般的な敬語

用言語幹＋시/으시 お〜になる/れる・られる

하다 する 받침無し	하 + 시	하시다 なさる
입다 着る 받침有り	입 + 으시	입으시다 お召しになる
걸다 かける ㄹ받침	거 + 시	거시다 おかけになる

注意　「ㄹ」받침で終わる動詞は「으시」を付けず、「ㄹ」を取って「시」を付ける。

練習 1) 보기에 따라서 尊敬形을 쓰시오.

보기　보다 → 보시다 / 보십니다
　　　見る　　ご覧になる　ご覧になります

① 가다 行く　　　→ ＿＿＿＿＿＿＿ / ＿＿＿＿＿＿＿

② 만나다 会う　　→ ＿＿＿＿＿＿＿ / ＿＿＿＿＿＿＿

③ 쓰다 書く/使う　→ ＿＿＿＿＿＿＿ / ＿＿＿＿＿＿＿

④ 씻다 洗う　　　→ ＿＿＿＿＿＿＿ / ＿＿＿＿＿＿＿

⑤ 쉬다 休む/一服する → ＿＿＿＿＿＿＿ / ＿＿＿＿＿＿＿

2 特殊な敬語

① 動詞　存在詞

마시다 ┐	드시다 / 잡수시다
먹다 ┘	
자다	주무시다
주다	드리다
죽다	돌아가시다
있다	있는 계시다 / 있는 있으시다
없다	없는 안 계시다 / 없는 없으시다

② 助詞(人につけるもの)

에게 / 한테	께
은/는	께서는
이/가	께서

③ 名詞　代名詞

나이	연세
말	말씀
밥	진지
생일	생신
이름	성함
집	댁
(이/그/저/어느) 사람	(이/그/저/어느) 분
딸	따님
아들	아드님

参考　「〜さま」「御＋名詞」の場合は、だいたい「님」をつければOK。
例) 奥様 사모님　ご両親 부모님

覚えましょう－すぐ使える会話

성함이 어떻게 되십니까?　お名前を何とおっしゃいますか。
연세가 어떻게 되십니까?　お歳がおいくつになられますか。

練習 2) 特殊な敬語を書きなさい。

보기　먹다　→　드시다 / 잡수시다
　　　食べる　　召し上がる

① 자다(寝る)　→ ________________

② 있다(居る)　→ ________________

③ 없다(居ない)　→ ________________

④ 나이(歳/年)　→ ________________

⑤ 이름(名前)　→ ________________

常識(2) 敬語

◆韓国語は絶対敬語
日本語では、主に話し手と聞き手の関係(身内)によって敬語の対象が決まる。**(相対敬語)**

　・父は今おりません。

　・ただいま、課長は席をはずしておりますが、(平社員が社外の人に)

韓国語では、身内であるかないかに関係なく
敬語の対象になる人(=主に目上の人)には、敬語を使う。**(絶対敬語)**

START! 한국어

 練習 3) 보기에 ならって尊敬文を作りなさい。

> 보기　　おじいさん / 寝る
> 　　　　가 : <u>할아버지께서 뭐 하십니까?</u>　　나 : <u>할아버지께서 주무십니다.</u>

① 先生 / 話をする

　　가 : ＿＿＿＿＿＿ 께서 뭐 하십니까?　나 : ＿＿＿＿＿＿＿＿

② おじさん / 服を着る

　　가 : ＿＿＿＿＿＿ 뭐 하십니까?　나 : ＿＿＿＿＿＿＿＿

③ おばあさん / ご飯を食べる

　　가 : ＿＿＿＿＿＿ ?　나 : ＿＿＿＿＿＿＿＿

④ お母さん / テレビを見る

　　가 : ＿＿＿＿＿＿　　나 : ＿＿＿＿＿＿＿＿

⑤ お父さん / 本を読む

　　가 : ＿＿＿＿＿＿　　나 : ＿＿＿＿＿＿＿＿

家族に関する言葉(復習)

아버지/아빠 お父さん/パパ　　어머니/엄마 お母さん/ママ

할아버지 おじいさん　　할머니 おばあさん　　아저씨 おじさん　　아주머니 おばさん

아내 妻/家内　　부인 [婦人]奥さん　　남편 [男便]夫

(妹からみて) 언니/오빠 お姉さん/お兄さん　　(弟からみて) 누나/형 お姉さん/お兄さん

부모 [父母]/両親　　자식 [子息]/子供　　딸 娘　　아들 息子

형제 [兄弟]　　자매 [姉妹]　　남매 兄妹/姉弟　　여동생 妹　　남동생 弟

10-2 해요체의 尊敬形　動詞語幹＋(으)세요
：～て下さい / お～下さい / ～なさい
*받침の有無

丁寧な命令 / 状態の丁寧な説明

보다 見る　　→ 보세요
(받침無し)

받다 受け取る → 받으세요
(받침有り)

命令 練習 4) 보기에 따라서 丁寧な命令文にして訳しなさい。

보기　책 / 읽다　책을 읽으세요. 本を読みなさい。

① 창문 / 닫다　＿＿＿＿＿＿＿＿＿＿＿＿＿＿＿＿＿

② 친구 / 만나다　＿＿＿＿＿＿＿＿＿＿＿＿＿＿＿

③ 손 / 씻다　＿＿＿＿＿＿＿＿＿＿＿＿＿＿＿＿＿＿

④ 코트 / 벗다　＿＿＿＿＿＿＿＿＿＿＿＿＿＿＿＿

⑤ 담배タバコ / 밖 / 피우다 吸う
　　タバコは外で吸ってください。
　　＿＿＿＿＿＿＿＿＿＿＿＿＿＿＿＿＿

10-3 動詞語幹＋고 있다 : ～ている

進行中の動作を表す。/ 反復動作・習慣を表す。

하다　하 ＋ 고 있다 → 지금 숙제를 하고 있습니다.
今、[宿題]をしています。

먹다　먹 ＋ 고 있다 → 도시락을 먹고 있어요.
お弁当を食べています。

練習 5) 보기のように進行形にかえて答えてみましょう。

보기　　　　　　가 : 뭐하고 있습니까? 何をしていますか。
공부하다　　나 : 공부하고 있습니다. 勉強しています。

① 책을 읽다 _______________________

② 친구를 만나다 _______________________

③ 음악을 듣다 _______________________

④ TV를 보다 _______________________

⑤ 점심을 먹다 _______________________

⑥ 커피를 마시다 _______________________

⑦ 손을 씻다 _______________________

⑧ 전화[電話]하다 _______________________

⑨ 신문을 보다 _______________________

⑩ 잠깐 쉬다 _______________________
暫くの間 / ちょっとの間

▶曜日 [요일]

月曜日	火曜日	水曜日	木曜日	金曜日	土曜日	日曜日	週末
월요일	화요일	수요일	목요일	금요일	토요일	일요일	주말

練習 6) 보기에ならって質問と返事を書いて発音しなさい。

> 보기　今日 / 何曜日 / 木曜日
> 가 : 오늘은 무슨 요일이에요?　　나 : 오늘은 목요일이에요.

① 昨日 / 何曜日 / 水曜日

　가 : ＿＿＿＿＿＿＿＿＿＿　　나 : ＿＿＿＿＿＿＿＿＿＿

② 明日 / 何曜日 / 金曜日

　가 : ＿＿＿＿＿＿＿＿＿＿　　나 : ＿＿＿＿＿＿＿＿＿＿

③ 月曜日 / いつ / 今日

　가 : ＿＿＿＿＿＿＿＿＿＿　　나 : ＿＿＿＿＿＿＿＿＿＿

④ 日曜日 / いつ / 昨日

　가 : ＿＿＿＿＿＿＿＿＿＿　　나 : ＿＿＿＿＿＿＿＿＿＿

⑤ 火曜日 / いつ / 明日

　가 : ＿＿＿＿＿＿＿＿＿＿　　나 : ＿＿＿＿＿＿＿＿＿＿

時制を表す言葉

아까 先　조금 전에 少し前	**지금** 今	이따가 少ししてから	나중에 後で	
아침 朝　오전[午前]	낮/점심 昼	오후[午後]	저녁 夕方	밤[晩]
그저께 おととい　어제 昨日	**오늘** 今日	내일 明日	모레 明後日	
지난주 先週　**이번주** 今週	다음주 来週	※月も同じ－지난달/이번달/다음달		
재작년 一昨年　작년[昨年]	**올해** 今年	내년[来年]	내후년 再来年	

注意　이번주/다음주는 「이번쭈/다음쭈」 と発音。

動詞・形容詞の否定形

가다　　가　 + **지 않다** → 가지 않다
어렵다　　어렵 + **지 않다** → 어렵지 않다

参考　否定のます形は、않다の語幹が받침で終わるので、「습니다」をつける。
　　　예) 어렵지 않습니다.　가지 않습니다.

※もっと簡単な言い方 ： 用言の前に「**안**」を付ければOK
　　예) 안+가다 **안** 가다　　　안+바쁘다 **안** 바쁘다

注意　있다の否定は있지 않다ではなく、**없다**である。

　　　있다 → あります　있습니다
　　　없다 → ありません　없습니다

練習 7) 보기에 따라서 韓国語に直し、発音してみましょう。

보기　学校 / 行く
　　　가 : 학교에 갑니까?　나 : 학교에 가지 않습니다.

① 勉強 / する　　가 : ＿＿＿＿＿＿＿＿　나 : ＿＿＿＿＿＿＿＿＿＿

② お昼 / 食べる　가 : ＿＿＿＿＿＿＿＿　나 : ＿＿＿＿＿＿＿＿＿＿

③ 音楽 / 聞く　　가 : ＿＿＿＿＿＿＿＿　나 : ＿＿＿＿＿＿＿＿＿＿

④ 友達 / 会う　　가 : ＿＿＿＿＿＿＿＿　나 : ＿＿＿＿＿＿＿＿＿＿

⑤ 本 / 読む　　　가 : ＿＿＿＿＿＿＿＿　나 : ＿＿＿＿＿＿＿＿＿＿

練習 8) 보기에 따라 進行形과 否定進行形의 文章을 つくり、訳しなさい。

<table><tr><td>보기</td><td>학생들 / 공부하다 : 이야기하다</td></tr></table>

　　　　　가 : 학생들이 공부하고 **있습니까?**　学生たちが勉強していますか。

　　나 : 아니오, 공부하고 있지 않습니다. 이야기하고 있어요.

　　　　　いいえ、勉強していません。おしゃべりをしています。

① 언니 / 신문을 읽다 : 편지를 쓰다

　　가 : _______________________________________

　　나 : _______________________________________

② 미은(人の名前) / 공부하다 : 소설을 읽다

　　가 : _______________________________________

　　나 : _______________________________________

③ 과장님 / 일을 하다 : 쉬다

　　가 : _______________________________________

　　나 : _______________________________________

④ 아오키 군 / 음악을 듣다 : 전화하다

　　가 : _______________________________________

　　나 : _______________________________________

⑤ 가족 / 일본에 살다 : 한국에 살다

　　가 : _______________________________________

　　나 : _______________________________________

▶**形容詞** –ます形を書きなさい。

받침의 있는 형용사 형용사 어간 + 습니다		받침의 없는 형용사 형용사 어간 + ㅂ니다	
基本形(原形)	ます形?	基本形(原形)	ます形
가볍다 軽い	가볍습니다	기쁘다 嬉しい	기쁩니다
가깝다 近い		깨끗하다 きれいだ／清らかだ	
곱다 美しい		나쁘다 悪い	
귀엽다 可愛い		느리다 遅い／のろい	
깊다 深い		따뜻하다 暖かい／温かい	
넓다 広い		바쁘다 忙しい	
높다 高い		비싸다 (値段が)高い	
더럽다 汚い		빠르다 はやい	
덥다 暑い		슬프다 悲しい	
많다 多い		시원하다 涼しい (味の場合は「さっぱり」の意味)	
무겁다 重い			
밉다 憎い		싸다 安い	
쉽다 易しい		아프다 痛い	
싫다 嫌いだ		예쁘다 きれいだ	
아름답다 きれいだ／美しい		조용하다 静かだ	
얕다 浅い		차다 冷たい	
어렵다 難しい		크다 大きい／(背が)高い	
작다 小さい		「ㄹ」받침의 형용사 「ㄹ」を取って + ㅂ니다	
재미없다 面白くない／退屈だ		基本形(原形)	ます形
재미있다 面白い		길다 長い	깁니다
적다 少ない		멀다 遠い	
좁다 狭い			
좋다 良い／好きだ			
즐겁다 楽しい			
짧다 短い			
춥다 寒い			

練習 9) 보기のように形容詞の否定文にして言ってみましょう。

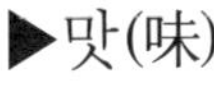

보기	어렵다　어렵지 않습니다.

① 크다 ＿＿＿＿＿＿＿＿＿　② 작다 ＿＿＿＿＿＿＿＿＿

③ 많다 ＿＿＿＿＿＿＿＿＿　④ 적다 ＿＿＿＿＿＿＿＿＿

⑤ 높다 ＿＿＿＿＿＿＿＿＿　⑥ 낮다 ＿＿＿＿＿＿＿＿＿

⑦ 넓다 ＿＿＿＿＿＿＿＿＿　⑧ 좁다 ＿＿＿＿＿＿＿＿＿

⑨ 덥다 ＿＿＿＿＿＿＿＿＿　⑩ 춥다 ＿＿＿＿＿＿＿＿＿

▶맛(味)

味の表現

달다 甘い	달콤새콤하다 甘酸っぱい	떫다 しぶい	맵다 辛い
시다 酸っぱい	싱겁다 水っぽい/うすい	쓰다 苦い	짜다 しょっぱい

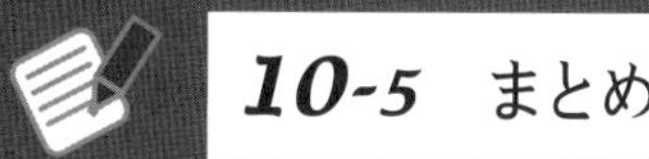

10-5 まとめ

●尊敬形

一般的な敬語は、形容詞や動詞の語幹に「(으)시」を付ける。

받침無し		받침有り		ㄹ 받침	
가다	가시다	닫다	닫으시다	살다	사시다
하다	하시다	입다	입으시다	걸다	거시다

예

●動詞の進行形　　～고 있다　固定形

예　　학교에 가고 있다. 学校に向かっている。

책을 읽고 있다. 本を読んでいる。

●動詞・形容詞の否定文

平叙文	疑問文
語幹＋지 않습니다	語幹＋지 않습니까?

예　　학교에 가지 않습니까? 学校へ行きませんか。

오늘은 덥지 않습니다. 今日は暑くありません。

1. **語彙**　　発音しながら5回ずつ書きなさい。

① 지금

② 한국어

③ 공부

④ 어렵다

⑤ 않다

⑥ 언제

⑦ 다음주

⑧ 요일

⑨ 무슨 요일

⑩ 다녀오세요

2. **尊敬形**　　発音しながら5回ずつ書きなさい。

① 가시다

② 드시다

③ 쓰시다

④ 씻으시다

⑤ 읽으시다

⑥ 잡수시다

⑦ 하시다

⑧ 댁

⑨ 말씀

⑩ 성함

3. **文章**　　発音しながら2回ずつ書きなさい。

① 뭐하고 계십니까?

② 숙제를 하고 있습니다.

③ 음악을 듣고 있습니다.

④ 잠깐 쉬고 있습니다.

⑤ 언제 가세요?

⑥ 다음주 토요일에 갑니다.

⑦ 무슨 공부예요?

⑧ 아버지 계세요?

⑨ 시간 있으세요?

⑩ 할머니께서 식사를 하고 계십니다.

✎ 書く練習　　　　作文

① 何をしていますか。(※ 進行形に) ______________________

② 映画を見ています。(※ 進行形に) ______________________

③ お父さんは何をなさいますか。　______________________

④ 本を読んでいらっしゃいます。(※ 進行形に) ______________

⑤ 今週の土曜日に京都へ行きます。______________________

⑥ 明日は何曜日ですか。______________________

⑦ 今、何をしていらっしゃいますか。(※ 進行形に)

____

⑧ 今日は暑いです。　______________________

⑨ 韓国語は難しくありません。______________________

⑩ 土曜日は授業がありません。______________________

58 1. 語彙

① ______________________   ⑥ ______________________

② ______________________   ⑦ ______________________

③ ______________________   ⑧ ______________________

④ ______________________   ⑨ ______________________

⑤ ______________________   ⑩ ______________________

59 2. 文章

① ______________________________________

② ______________________________________

③ ______________________________________

④ ______________________________________

⑤ ______________________________________

⑥ ______________________________________

⑦ ______________________________________

⑧ ______________________________________

⑨ ______________________________________

⑩ ______________________________________

⧗ 総合練習問題 (2)

1. 動詞の基本形を書きなさい。

① 듣습니다 ＿＿＿＿＿＿＿＿＿　⑥ 봅니다 ＿＿＿＿＿＿＿＿＿

② 마십니다 ＿＿＿＿＿＿＿＿＿　⑦ 만납니다 ＿＿＿＿＿＿＿＿＿

③ 먹습니다 ＿＿＿＿＿＿＿＿＿　⑧ 삽니다(暮す) ＿＿＿＿＿＿＿＿

④ 씻습니다 ＿＿＿＿＿＿＿＿＿　⑨ 일어납니다 ＿＿＿＿＿＿＿＿

⑤ 읽습니다 ＿＿＿＿＿＿＿＿＿　⑩ 합니다 ＿＿＿＿＿＿＿＿＿

2. 位置　　質問に答えなさい。

① 우체국 오른 쪽에 무엇이 있어요? ＿＿＿＿＿＿＿＿＿＿＿＿＿

② 약국 옆에 무엇이 있어요? ＿＿＿＿＿＿＿＿＿＿＿＿＿＿

③ 편의점 건너편에 뭐가 있어요? ＿＿＿＿＿＿＿＿＿＿＿

④ 레스토랑은 어디에 있어요? ＿＿＿＿＿＿＿＿＿＿＿＿

⑤ 호텔은 어디에 있어요? ＿＿＿＿＿＿＿＿＿＿＿＿＿

60 1. 語彙

① ______	⑥ ______	⑪ ______	⑯ ______
② ______	⑦ ______	⑫ ______	⑰ ______
③ ______	⑧ ______	⑬ ______	⑱ ______
④ ______	⑨ ______	⑭ ______	⑲ ______
⑤ ______	⑩ ______	⑮ ______	⑳ ______

61 2. (　　)の中に書き入れなさい。

① 저는 (　　　　　　　　　)

② 그건 (　　　　　　　　　)

③ 이건 (　　　　　　　　　)

④ 역(　　　) (　　　　　　　)

⑤ 대학(　　　) (　　　　　　　　)

⑥ 공원(　　　　) (　　　　　　　　)

⑦ 도서관(　　　　) (　　　　　　　　)

⑧ 친구를 (　　　　　) (　　　　　　　　)

⑨ 오늘(　　　) (　　　　　　　)

⑩ (　　　　　　　　　)

생일이 언제예요? 誕生日がいつですか。

— 数詞(1) / 疑問文[時] —

62②

Dialogue

김철수 : 안도 씨, 생일이 언제예요?

안 도 : 7월 13일이에요.

　　　　철수 씨 생일은 몇 월 며칠이에요?

김철수 : 제 생일은 음력으로 6월 1일이에요.

　　　　그런데 안도 씨는 무슨 띠예요?

안 도 : 비밀이에요. 철수 씨는 무슨 띠예요?

김철수 : 저는 돼지 띠입니다.

안 도 : 네? 돼지 띠도 있어요?

김철수 : 그럼요, 한국에서 돼지는 복의 상징이에요.

発音

생일이 → 생**이리**　　　(13)일이에요 → **이리예요**

몇 월 → **며뒬**　　　음력 → **음녁**　　　음력으로 → **음녀그로**

6월 → 유월※

語彙（[ ]は漢字語の場合、その表記）

생일　誕生日　　　　　　언제　いつ

몇 월　何月　　　　　　며칠　何日

음력　[陰暦]/旧暦　　　그런데　ところが/ところで

띠　干支　　　　　　　무슨 띠　何どし

비밀　[秘密]　　　　　돼지　豚

복　[福]/幸運　　　　　상징　[象徴]/シンボル

この課の文法と文型

1. 数詞(漢語系)

2. 助数詞

3. 干支 / 〜年

4. 疑問詞　　언제 いつ
　　　　　　몇 幾つ / 何
　　　　　　얼마 いくら

64

11-1 数詞(1)

▶漢語系数詞

0	1	2	3	4	5	6	7	8	9	10
영/공	일	이	삼	사	오	육/륙	칠	팔	구	십

11	12	13	14	15	16	17	18	19	20
십일	십이	십삼	십사	십오	십육	십칠	십팔	십구	이십

30	40	50	60	70	80	90	99	100
삼십	사십	오십	육십	칠십	팔십	구십	구십구	백

千	万	億	兆
천	만	억	조

数字⑥　① 表記：語頭 / ㄹ以外の받침の後では　→　육

　　　　　母音(받침がないとき)の後では　→　륙

　　　② 発音：語頭では　→　육

　　　　　母音(받침がないとき) /「ㄹ」받침の後では　→　륙

　　　　　「ㄹ」以外받침の後では　→　뉵

　　　　　6が続くとき、前にくる6は　→　융

	数字	韓国語表記	発音
보기)	63	육십삼	육씹쌈
	5645－6436	오륙사오의 육사삼육	오륙싸오에 육싸삼뉵
	16日	십육일	심뉴길
	(九九の場合)6×6＝36	육육삼십육	융뉵삼심뉵

몇　数詞系疑問詞　8-1疑問詞　参照

●電話番号 [전화번호]

電話番号は何番ですか。　　　03 – 1234 – 5678です。

전화번호는 몇 번입니까?　　공삼**의** 일이삼사**의** 오륙칠팔입니다.

> **注意**　「의」は助詞として使われるときは、「에」と発音する。

●年・月・日 [년・월・일]

2006年　이천육년　　　7月　칠월　　　13日　십삼일

> **注意**　月を言う時、普通は月の前の字の받침が連音化される。
> 예)　일월 → 이뤌　　삼월 → 사월
> ただし、6月は「유월」に、10月は「시월」となる。(表記と発音同一)

●ヶ月 개월[箇月]　　　週間 주일[週日]

2ヶ月　이개월　　　1週間　일주일((発)일쭈일)

●分 [분]

10分　십 분((発)십 뿐)　　　25分　이십오 분((発)이시보 분)

●ウォン 원

1万2千ウォン　만 이천 원

> **注意**　●韓国では1万という数字を言う時は、일(1)を付けず「만」だけ言う。
> 　　　　他の数字の言い方は日本と同一。
> 　　　　예)　15,000 → 만 오천　　　1,500 → 천오백　　　125 → 백이십오
> 　　　　●数字は万単位で分かち書きをする。

●階　층[層]　　　号室[호실]

8階の605号室　팔층 육백오 호실

> **参考**　上記以外、회[回]　학년 年生　도[度℃]　번[番]　박[泊]などに使う。

練習 1) 次の数字の韓国語を書いて発音してみなさい。

보기　1,234 → 천 이백 삼십 사

① 321　　→ _______________________

② 6,789　→ _______________________

③ 34,567 → _______________________

④ 53,248 → _______________________

⑤ 78,429 → _______________________

注意　正しくは、万単位で分かち書きする。　예) 12,345　만 이천삼백사십오

몇 번

練習 2) 次の電話番号を韓国語で書いて発音してみなさい。

65

보기　전화번호가 몇 번이에요?　049-232-1111입니다
(공사구의 이삼이의 일일일일)

① 03-3964-8958　→ _______________________

② 03-3691-2345　→ _______________________

③ 049-324-5678　→ _______________________

④ 090-4176-9054　→ _______________________

⑤ 090-9315-4726　→ _______________________

 練習 3) 보기에 ならって質問の返事を言いなさい。

보기　가 : 생일이 언제예요?　(10/9)　나 : 시 월 구 일이에요.

① 3/ 1 ＿＿＿＿＿＿＿＿＿＿＿＿＿ 이에요.

② 4/19 ＿＿＿＿＿＿＿＿＿＿＿＿＿ 이에요.

③ 5/16 ＿＿＿＿＿＿＿＿＿＿＿＿＿

④ 6/25 ＿＿＿＿＿＿＿＿＿＿＿＿＿

⑤ 8/15 ＿＿＿＿＿＿＿＿＿＿＿＿＿

ちょっとブレ-ク

助詞　이/가 と 은/는　　が / は

特に強調する必要の無い場合は、「은/는」よりも「이/가」がよく使われる。

이름이 뭐예요?　 / 이름은 뭐예요? (強調する時使う)

생일이 언제예요? / 생일은 언제예요?

학교가 어디예요? / 학교는 어디예요?

매점이 어디예요? / 매점은 어디예요?

▶12干支

쥐띠, 소띠, 오랑이띠, 토끼띠, 용띠, 뱀띠, 말띠, 양띠, 원숭이띠, 닭띠, 개띠, 돼지띠

▶血液型 [혈액형]

　A형　　B형　　AB형　　O형

練習 4) 質問に答えなさい。

① 이름이 뭐예요?　　제 이름은 ____________ 입니다.

② 몇 년생이에요?　　저는 ________ 년생입니다.

③ 무슨 띠예요?　　저는 __________ 띠입니다.

④ 생일은 언제예요? 생일은 ______ 월 ______ 일이에요.

⑤ 혈액형이 뭐예요?　______ 형이에요.

練習 5) 보기에 ならって 質問と返事を 書いて発音してみましょう。

보기　오늘 / 10월 8일
가 : 오늘은 몇 월 며칠이에요?　나 : 오늘은 시월 팔일이에요.

① 어제 / 6월 25일

가 : __________________ 이에요?　나 : __________________ 이에요.

② 내일 / 9월 30일

가 : __________________ 이에요?　나 : __________________ 이에요.

③ 지난주 목요일 / 8월 26일

가 : __________________　나 : __________________

④ 다음주 금요일 / 10월 15일

가 : __________________　나 : __________________

⑤ 시험[試驗] / 1월 21일

가 : __________________　나 : __________________

練習 6) 보기에 ならって質問と返事を書いて発音してみましょう。

> **보기**　このカバン / 56,000ウォン
> 가 : <u>이 가방</u> 얼마예요?　　나 : <u>오만 육천원</u>이에요.

① この本 / 7,500ウォン

　　가 : ＿＿＿＿＿＿＿＿ 얼마예요?　나 : ＿＿＿＿＿＿＿＿ 이에요.

② あの辞書 / 37,000ウォン

　　가 : ＿＿＿＿＿＿＿＿ 예요?　나 : ＿＿＿＿＿＿＿＿ 이에요.

③ この時計 / 100,000ウォン

　　가 : ＿＿＿＿＿＿＿＿＿　나 : ＿＿＿＿＿＿＿＿＿

④ その眼鏡 [안경] / 88,000ウォン

　　가 : ＿＿＿＿＿＿＿＿＿　나 : ＿＿＿＿＿＿＿＿＿

⑤ この携帯電話 / 290,000ウォン

　　가 : ＿＿＿＿＿＿＿＿＿　나 : ＿＿＿＿＿＿＿＿＿

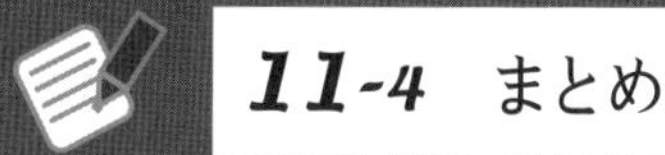

11-4 まとめ

● **数詞(漢語系)**

오늘은 10월 13일 입니다.　今日は10月13日です。

전화번호는 049의 232의 1111입니다.　[電話番号]は049-232-1111です。

저는 1992년생입니다.　私は1992年生まれです。

● **助数詞(漢語系)**

번(順番を数えるとき), 년, 월, 일, 개월, 주일, 분, 원, 층, 호, 호실, 학년 等々

● **疑問詞**

| 몇 | 오늘은 몇 월 며칠이에요?　今日は何月何日ですか。 |
| 전화번호가 몇 번이에요?　電話番号が何番ですか。 |

| 언제 | 생일이 언제예요?　誕生日がいつですか。 |

| 얼마 | 이 책 얼마예요?　この本、いくらですか。 |

✻ 助詞のまとめ

받침과 関係ない		받침無し	받침有り
	~が ~가		~이
	~は ~는		~은
	~を ~를		~을
~하고	~と	~와	~과
~의	~の		
~도	~も		
~부터/에서	~から		
~까지	~まで		
	~へ ~로		~으로
~에서(場所)	~で ~로		~으로(手段/道具/材料)
~에게/한테(人間・動物)	~に		
~에게서/한테서(人間)	~から		
~보다	~より		

✻ 日本語と 一致しない助詞

~に会う　을/를 만나다

~に乗る　을/를 타다

~が好き　을/를 좋아하다

~になる　이/가 되다

(風邪)を引く　감기에 걸리다

1. **語彙**[어휘]　　　発音しながら5回ずつ書きなさい。

① 생일

② 언제

③ 몇 월

④ 며칠

⑤ 오월

⑥ 유월

⑦ 시월

⑧ 음력

⑨ 얼마

⑩ 비밀

2. **文章**[문장]　　　発音しながら書きなさい。

① 생일이 언제예요?

② 제 생일은 다음주 일요일이에요.

③ 무슨 띠예요?

④ 혈액형이 뭐예요?

⑤ 비밀이에요.

3. 보기에 ならって質問と返事を書いて発音練習をしなさい。

보기　오늘 / 며칠 : 10월 6일
　　　가 : <u>오늘은 며칠이에요?</u>　나 : <u>시월 육일이에요.</u>

① 생일 / 언제 : 1월 22일

　가 : _______________________ ? 　나 : _______________________

② 시험 / 언제 : 다음주 토요일

　가 : _______________________ ? 　나 : _______________________

③ 전화번호 / 몇 번 : 049-232-4567

　가 : _______________________ 　나 : _______________________

④ 핸드폰 번호 / 몇 번 : 090-1234-5678

　가 : _______________________ 　나 : _______________________

⑤ 이 교실 / 몇 층 : 2층

　가 : _______________________ 　나 : _______________________

⑥ 아파트 / 몇 호실 : 302호실

　가 : _______________________ 　나 : _______________________

⑦ 그 가방 / 얼마 : 8만 3천원

　가 : _______________________ 　나 : _______________________

⑧ 다음주 화요일 / 며칠 : 18일

　가 : _______________________ 　나 : _______________________

⑨ 다음달 / 몇 월 : 11월

　가 : _______________________ 　나 : _______________________

⑩ 10월 14일 / 무슨 요일 : 목요일

　가 : _______________________ 　나 : _______________________

✎ 書く練習　　作文 --■
쓰기 [연습]　　[작문]

① 今日は2010年10月15日です。 ______________________

② 明日は何月何日ですか。 ______________________

③ この教室は2階の623号室です。 ______________________

④ 携帯電話番号は何番ですか。 ______________________

⑤ 期末試験はいつですか。 ______________________

⑥ 試験は1月21日、金曜日です。 ______________________

⑦ お母さんの誕生日はいつですか。 ______________________

⑧ 私の誕生日は12月25日です。 ______________________

⑨ 何どしですか。 ______________________

⑩ 私は馬どしです。 ______________________

68 1. 語彙 [어휘]

① ____________________   ⑥ ____________________

② ____________________   ⑦ ____________________

③ ____________________   ⑧ ____________________

④ ____________________   ⑨ ____________________

⑤ ____________________   ⑩ ____________________

69 2. 文章 [문장]

① ____________________

② ____________________

③ ____________________

④ ____________________

⑤ ____________________

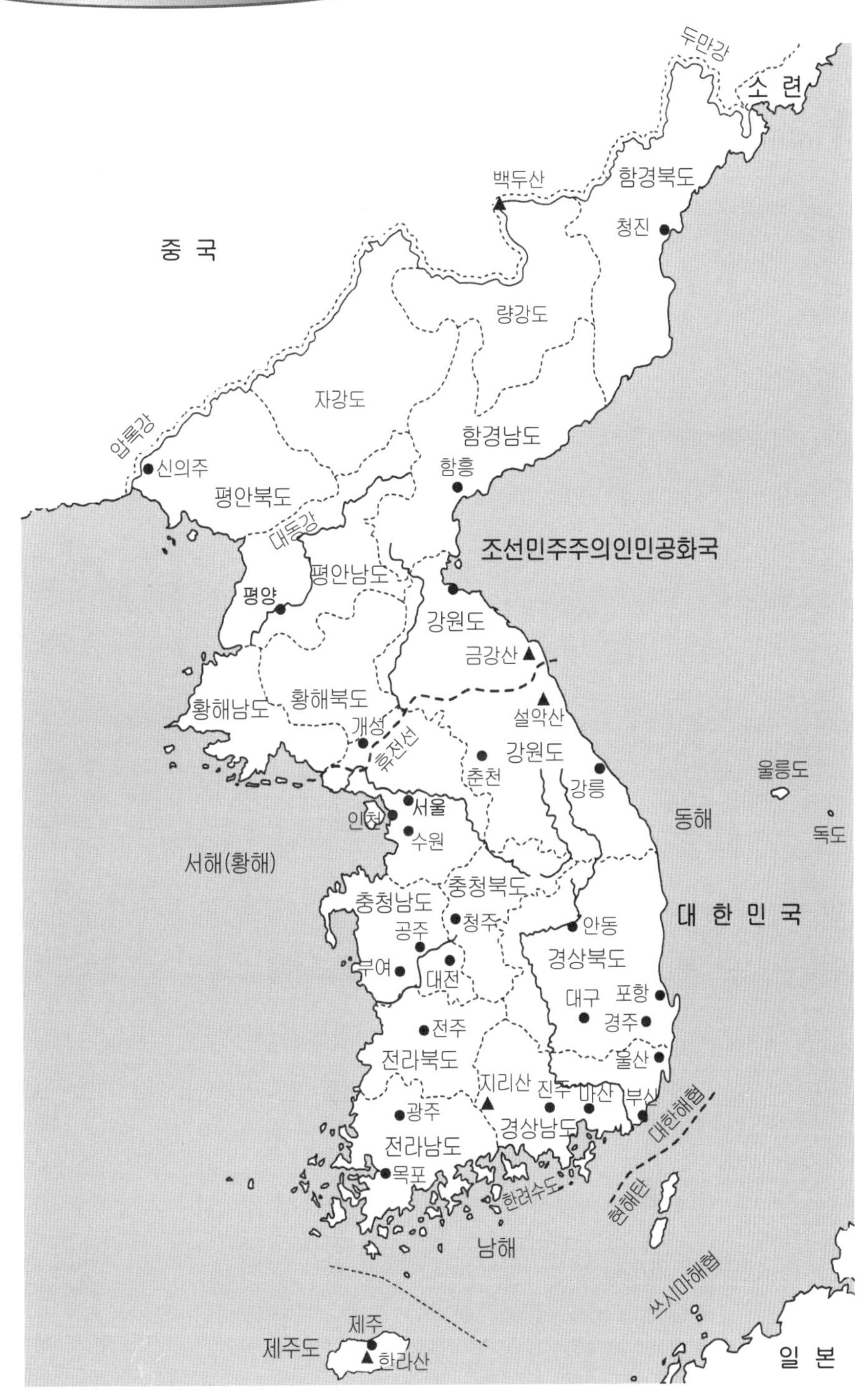
두만강
소 련
백두산
함경북도
청진
중 국
량강도
자강도
함경남도
압록강
신의주
함흥
평안북도
대동강
조선민주주의인민공화국
평안남도
평양
강원도
금강산
황해남도
황해북도
설악산
개성
휴전선
강원도
춘천
강릉
울릉도
서울
인천
동해
독도
수원
서해(황해)
충청북도
대 한 민 국
충청남도
공주
청주
안동
부여
대전
경상북도
전주
대구
포항
경주
전라북도
울산
지리산
진주
마산
부산
광주
경상남도
대한해협
전라남도
목포
현해탄
한려수도
남해
쓰시마해협
제주
제주도
한라산
일 본

지금 몇 시예요? 今、何時ですか。

－ 数詞(2) －

Dialogue

신하늘 : 지금 몇 시예요?

이영민 : 오전 여덟 시 오십 분이에요.

　　　　하늘 씨, 오늘 수업은 몇 시에 시작합니까?

신하늘 : 9시 10분에 시작합니다.

이영민 : 그럼, 나중에 식당에서 만납시다.

　　　　그런데, 집에서 학교까지 얼마쯤 걸립니까?

신하늘 : 전철로 한 시간쯤 걸립니다.

　　　　영민 씨는 얼마나 걸립니까?

이영민 : 나는 자전거로 약 십오 분 걸립니다.

発音

몇 시 → **면 씨**　　　　　　　여덟 시 → **여덜 씨**

~분이에요 → **~부니**예요 / **뿌니**예요　　시작합니까 → 시**자캄**니까
　　　　　　　發音規則(5)濃音化 参照　　　　　　發音規則(6)激音化 参照

식당 → 식**땅**　　　　　　　　만납시다 → 만납**씨**다

걸립니까 → 걸**림**니까　　　　걸립니다 → 걸**림**니다

語彙 ([　]は漢字語の場合、その表記)

몇　何、幾　　　　　　　　　　　시 [時]　　　　　몇 시　何時

오전　[午前]　　　　　　　　　수업　[授業]

시작하다　始まる/始める　　　　그럼　では

나중에　後で　　　　　　　　　만납시다　会いましょう

~에서(主に空間的)　~から　　　~까지　~まで(空間的・時間的)

比較　「~부터」は主に時間を指すとき使う。

얼마쯤/얼마나　どれくらい/どれほど　　걸립니까?　かかりますか。

전철　電車　　　　　　　　　　~로　~で(手段)

~쯤　くらい/ほど　　　　　　　나는　私は/僕は/俺は

자전거 [自転車]　　　　　　　　약　[約]

この課の文法と文型

1. 数詞(固有語系)

2. 激音化

3. 動詞の勧誘形　(으)ㅂ시다　　받침の有無　　~(し)ましょう

4. ~から　~まで

5. ~で(手段)　~(으)로

▶固有語系数詞

1	2	3	4	5	6	7	8	9	10
하나	둘	셋	넷	다섯	여섯	일곱	여덟	아홉	열
한	두	세	네						

11	12	13	14	15	16	17	18	19	20
열하나	열둘	열셋	열넷	열다섯	열여섯	열일곱	열여덟	열아홉	스물
열한	열두	열세	열네						스무

30	40	50	60	70	80	90	99	100
서른	마흔	쉰	예순	일흔	여든	아흔	아흔아홉	(온)일백

千	万	億	兆
(즈믄)천	(골)만	(잘)억	(울)조

固有語系数詞の使い方は、14-1 を参照すること。

参考　① ■は、後ろに助数詞がつくときの連体形。
　　　예) 1個 한개　1歳 한 살
　　　② (　　)は、韓国固有語で、現在は漢語系を使う。

練習 1) 時計を見て時間を言ってみましょう。

가 : 지금 몇 시입니까?　　나 : (　)시 (　)분 입니다.

① ______________　② ______________　③ ______________　④ ______________

練習 2) CDを聞いて時計の針を書き入れましょう。

① 　② 　③ 　④ 

練習 3) 보기にならって ____ を書き換えて文章を作りなさい。

일어나다 / 6시

가 : **몇 시에** 일어납니까?　　나 : 6시에 일어납니다.

① 가다 / 9시　　　　가 : ________________ ? 나 : ________________

② 만나다 / 3시　　　가 : ________________ ? 나 : ________________

③ 먹다 / 7시　　　　가 : ________________　나 : ________________

④ 발표[発表]하다 / 1시　가 : ________________　나 : ________________

⑤ 자다 / 11시　　　　가 : ________________　나 : ________________

練習 4) 映画ポスタ-を見て返事をしなさい。

 가 : 1회는 몇 시에 시작합니까?

　　　　나 : 오전 열 시 삼십 분에 시작합니다.

1. 가 : 2회는 몇 시에 시작합니까?

　　나 : _______________________

2. 가 : 3회는 몇 시에 시작합니까?

　　나 : _______________________

3. 가 : 마지막 회는 몇 시에 시작합니까?

　　나 : _______________________

4. 가 : 한 회 상영 시간은 약 몇 시간입니까?

　　나 : _______________________

5. 가 : 영화를 보러 극장에 갔습니다.

　　　 지금은 1시 50분입니다. 몇 회를 보겠습니까?

　　나 : _______________________

練習 5) 次の質問の返事を言いなさい。

 가 : 몇 살이에요?　　(20歳) 나 : 스무 살이에요.

① (18歳) _______________________

② (19歳) _______________________

③ (21歳) _______________________

④ (30歳) _______________________

⑤ (40歳) _______________________

받침 ㄱ		ㅋ	백화점 [百貨店]	→ 배콰점
ㄷ	+ ㅎ ⇒	ㅌ	많다　多い	→ 만타
ㅂ		ㅍ	입학　[入学]	→ 이팍
ㅈ		ㅊ	꽂히다 さされる	→ 꼬치다

*받침「ㅎ」に「ㄱㄷㅂㅈ」が続くときも同じく激音化される。

練習 6) 次の語句を発音してみましょう。

① 국화菊　　　② 급행[急行]　　　③ 생각하다考える

④ 잊히다忘れられる　　　⑤ 좋다良い

「쉬리」

映画「JSA」の舞台になった板門店[판문점]

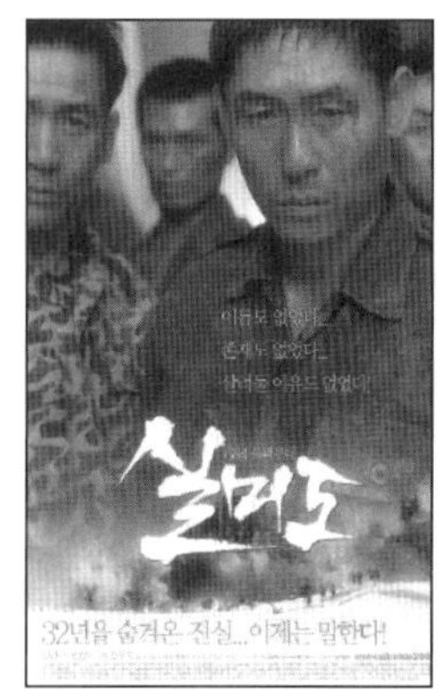

「실미도」

体言について手段・方法・道具を表す。

택시 ＋ 로　　　택시로 갑니다.　タクシ-で行きます。

무엇 ＋ 으로　　무엇으로 갑니까?　何に乗って(何で)行きますか。

전철 ＋ 로　　　전철로 갑니다.　電車で行きます。

注意　「ㄹ」받침の場合は「으로」ではなく「로」がつく。

練習 7) 보기에 따라서 ___를 書き替えて、言ってみましょう。

보기　학교 / 전철

　　　가 : **무엇으로** 학교에 갑니까?　　나 : 전철로 갑니다.

① 회사 / 자가용[自家用]車

　　가 : ＿＿＿＿＿＿＿＿＿＿　　나 : ＿＿＿＿＿＿＿＿＿＿

② 대학 / 지하철

　　가 : ＿＿＿＿＿＿＿＿＿＿　　나 : ＿＿＿＿＿＿＿＿＿＿

③ 공원 / 자전거

　　가 : ＿＿＿＿＿＿＿＿＿＿　　나 : ＿＿＿＿＿＿＿＿＿＿

④ 병원 / 택시

　　가 : ＿＿＿＿＿＿＿＿＿＿　　나 : ＿＿＿＿＿＿＿＿＿＿

⑤ 공항 / 리무진 버스

　　가 : ＿＿＿＿＿＿＿＿＿＿　　나 : ＿＿＿＿＿＿＿＿＿＿

比較　方向を指すときの「〜へ」も「〜(으)로」と訳す。
　　　예) ソウルへ行きます。　서울로 갑니다.

12-3　助詞　〜에서 /〜부터・〜까지 ： 〜から 〜まで

*固定形

時間や空間の起点と終点を表す。

집에서　학교까지　家から学校まで。

한 시부터　두 시까지　1時から2時まで。

ポイント　　「부터」は主に時間の始まりを
　　　　　　「에서」は主に空間の始まりを表すとき使う。

12-4　助詞　〜쯤 ： 〜くらい / ころ / ほど

*固定形

한 시간쯤 걸립니다.　　1時間くらいかかります。

언제쯤 갑니까?　いつ頃、行きますか。

練習 8)　보기에나라래 ＿＿＿＿ 를 書きかえて、言ってみましょう。

　　보기　　집〜학교 / 자전거 15분
　　가 : 집에서 학교까지 <u>얼마나 걸립니까?</u>　　나 : <u>자전거로</u> 십오 분쯤 걸립니다.

① 역〜집　　　/ 버스 10분

　　가 : ＿＿＿＿＿＿＿＿＿＿＿　　나 : ＿＿＿＿＿＿＿＿＿＿＿

② 집〜회사　　/ 전철 1시간

　　가 : ＿＿＿＿＿＿＿＿＿＿＿　　나 : ＿＿＿＿＿＿＿＿＿＿＿

③ 회사〜병원 / 지하철 20분

　　가 : ＿＿＿＿＿＿＿＿＿＿＿　　나 : ＿＿＿＿＿＿＿＿＿＿＿

④ 공항〜호텔 / 리무진 버스 50분

　　가 : ＿＿＿＿＿＿＿＿＿＿＿　　나 : ＿＿＿＿＿＿＿＿＿＿＿

⑤ 집〜공원　　/ 자전거 7분

　　가 : ＿＿＿＿＿＿＿＿＿＿＿　　나 : ＿＿＿＿＿＿＿＿＿＿＿

제12과 지금 몇 시예요?　今、何時ですか。

勧誘を表す。

하다 ＋ ㅂ시다　→　합시다

먹다 ＋ 읍시다　→　먹읍시다

練習 9) 보기에 따라 ＿＿＿＿ をなおして文章を完成させなさい。

보기　지금 곧 / 학교 / 가다

지금 곧 학교에 갑시다.　今すぐ、学校へ行きましょう。

① 내일 / 영화 / 보다　＿＿＿＿＿＿＿＿＿＿＿＿＿＿

② 나중에 / 커피숍 / 만나다　＿＿＿＿＿＿＿＿＿＿＿＿＿＿

③ 함께 / 지하철 / 타다　＿＿＿＿＿＿＿＿＿＿＿＿＿＿

④ 식당 / 점심 / 먹다　＿＿＿＿＿＿＿＿＿＿＿＿＿＿

⑤ 휴게실 / 잠시 しばらく / 쉬다　＿＿＿＿＿＿＿＿＿＿＿＿＿＿

12-6 まとめ

●**数詞(固有語系)**

한 시 이십오 분 　　1時25分

오전 열 시 사십 분　午前10時40分

오후 세 시 반 　　　午後3時半

●**助詞**(から・まで)

역에서 학교까지 15분 걸립니다.　駅から学校まで15分かかります。

오전 9시부터 오후 2시 반까지.　午前9時から午後2時半まで。

●(으)ㅂ시다　　받침の有無　　〜(し)ましょう　動詞の勧誘形

내일 만납시다.　明日会いましょう。

함께 먹읍시다.　一緒に食べましょう。

1. 時間 [시간]　　発音しながら3回ずつ書きなさい。

① 아침 여섯 시

② 오전 열 시

③ 낮 열 두 시

④ 오후 한 시 반

⑤ 저녁 여섯 시

2. 文章 [문장]　　発音しながら書きなさい。

① 자전거로 학교에 갑니다.

② 전철로 한 시간쯤 걸립니다.

③ 지금은 정각 열 두 시입니다.

④ 집에서 학교까지 삼십 분쯤 걸립니다.

⑤ 공항까지 버스로 약 오십 분 걸립니다.

⑥ 그런데, 몇 시에 친구를 만납니까?

⑦ 세 시에 친구하고 만납니다.

⑧ 여섯 시에 집에 돌아갑니다.

⑨ 내일 함께 백화점에 갑시다.

⑩ 나중에 도서관에서 책을 읽읍시다.

3. **時間の会話練習** [회화연습]　　　보기에 ならって会話文にしなさい。

<blockquote>
보기　강의 / 오전 9시 ~ 오후 4시
　　　가 : 강의는 몇 시부터 몇 시까지입니까?
　　　나 : 오전 아홉 시부터 오후 네시까지입니다.
</blockquote>

① 수업 / 오전 9시 10분 ~ 오후 3시

　가 : ___________________________________

　나 : ___________________________________

② 도서관 / 오전 8시 30분 ~ 저녁 8시

　가 : ___________________________________

　나 : ___________________________________

③ 아르바이트 / 밤 10시 ~ 새벽 5시

　가 : ___________________________________

　나 : ___________________________________

④ 우체국 / 오전 9시 ~ 오후 6시

　가 : ___________________________________

　나 : ___________________________________

⑤ 치과[歯科] / 오전 10시 ~ 저녁 7시

　가 : ___________________________________

　나 : ___________________________________

✏️ 書く練習　　作文 ━━━━━━━━━━━━━━━━━━━━━ ■
쓰기 [연습]　　[작문]

① 朝6時に起きます。　_______________________

② 7時に朝ごはんを食べます。　_______________________

③ 7時40分に家を出ます。　_______________________
　　※出る 나가다/나서다

④ 今、何時ですか。　_______________________

⑤ 午前9時10分です。　_______________________

⑥ 約束 [약속] 時間は午後4時半です。　_______________________

⑦ ところで、授業は何時に始まりますか。

　_______________________

⑧ 毎日 [매일] 1時間勉強します。　_______________________

⑨ 12時半にお昼を食べましょう。　_______________________

⑩ 午後2時にコーヒーショップで会いましょう。

　_______________________

75 1. 語彙 [어휘]

① ____________________ ⑥ ____________________

② ____________________ ⑦ ____________________

③ ____________________ ⑧ ____________________

④ ____________________ ⑨ ____________________

⑤ ____________________ ⑩ ____________________

76 2. 時間 [시간]　　数字も韓国語で書きましょう。

① ____________________

② ____________________

③ ____________________

④ ____________________

⑤ ____________________

① ____

② ____

③ ____

④ ____

⑤ ____

⑥ ____

⑦ ____

⑧ ____

⑨ ____

⑩ ____

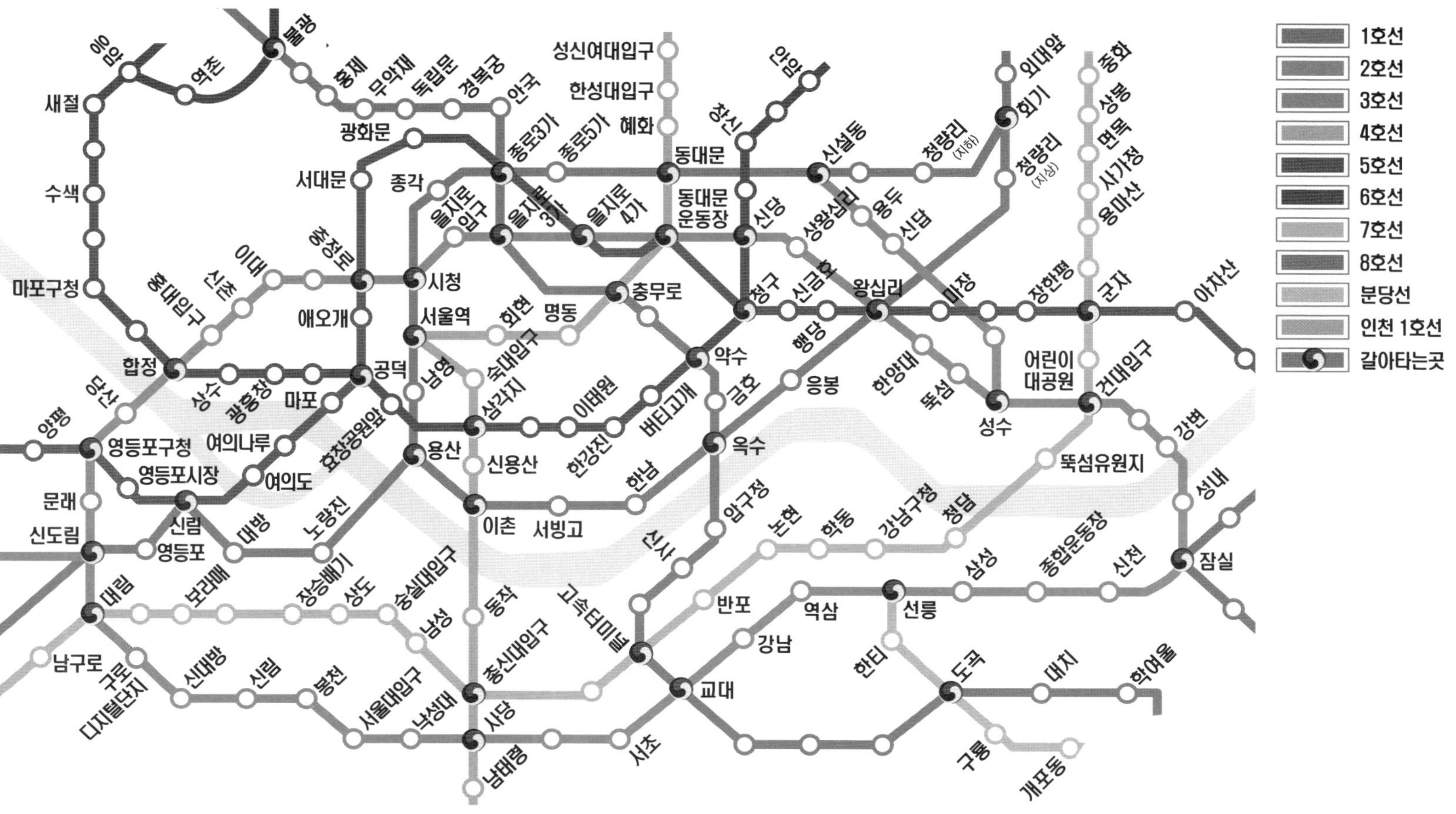

1호선
2호선
3호선
4호선
5호선
6호선
7호선
8호선
분당선
인천 1호선
갈아타는곳
응암
역촌
새절
수색
마포구청
독립문
무악재
홍제
광흥창
광화문
경복궁
안국
성신여대입구
한성대입구
창신
인암
신설동
청량리(지하)
청량리(지상)
외대앞
회기
상봉
면목
사가정
용마산
종로3가
종로5가
혜화
동대문
을지로입구
을지로3가
을지로4가
동대문운동장
신당
상왕십리
영두
신답
청구
신금호
왕십리
마장
장한평
군자
아차산
서대문
종각
시청
충무로
서울역
회현
명동
약수
행당
한양대
뚝섬
성수
어린이대공원
건대입구
강변
성내
이대
신촌
애오개
남영
숙대입구
금호
응봉
뚝섬유원지
합정
상수
마포
공덕
효창공원앞
삼각지
이태원
버티고개
옥수
암구정
청담
종합운동장
신천
잠실
당산
영등포구청
여의나루
여의도
용산
신용산
한강진
한남
이촌
서빙고
신사
강남구청
학동
양평
영등포시장
문래
신림
대방
노량진
이촌
신도림
영등포
보라매
장승배기
상도
숭실대입구
남성
동작
고속터미널
반포
역삼
선릉
삼성
한티
도곡
대치
학여울
대림
남구로
구로디지털단지
신대방
신림
봉천
서울대입구
낙성대
사당
남태령
총신대입구
사초
교대
강남
구룡
개포동
서울지하철 노선도 ソウル[地下鉄路線図]

지난 주말에 뭐 했어요? 先週の週末に何をしましたか。

― 動詞の過去形 / 해요体 (2) ―

78②

Dialogue

오카다 : 지난 주말에 뭐 했어요?

안 도 : 지난 주 토요일에는 시험이 있었어요.

오카다 : 그래요? 무슨 시험이었어요?

안 도 : 한글 검정 시험이었어요.

오카다 : 잘 쳤어요?

안 도 : 아뇨, 전혀 자신이 없어요.

오카다 : 시험 끝나고 나서 뭐 했어요?

안 도 : 혼자서 영화를 봤습니다.

発音

전혀 → 전혀/**저녀**(ㅎの弱音化)　　없어요 → **업써**요

끝난 → **끈**난　　　　　　　　봤습니다 → **봗씀**니다
　　　※発音規則(4)**鼻音化** 参照

語彙 （[ ]は漢字語の場合、その表記）

지난 주　先週

했어요(?) (基)하다　しました(か)

있었어요(基)있다　いました/ありました

이었어요(基)이다　でした

잘　よく

아뇨(아니오の縮約形)　いいえ

자신 [自信]

끝나다　終わる

혼자서　独りで/1人で

봤습니다(基)보다　見ました

주말 [週末]

시험 [試験]

그래요(?)　そうです(か)

한글 검정　ハングル[検定]

쳤어요(?) (基)치다　受けました(か)

전혀　全然

없어요(基)없다　ありません/いません

끝나고 나서　終わってから

영화 [映画]

この課の文法と文型

1. 動詞の過去形

2. 動詞の해요体

3. 動詞の語幹 ＋ 고 나서　固定形　〜(し)てから

用言の語幹	過去形補助語幹	例		過去形 ※縮約形参照
ㅏ, ㅗ (陽母音)	았	가다	가＋았	갔다
		살다	살＋았	살았다
ㅏ ㅗ 以外(陰母音)	었	먹다	먹＋었	먹었다
		쉬다	쉬＋었	쉬었다
하다　する	였	하다	하＋였	하였다/했다

※「하다用言」とは、基本形が「하다」または「~하다」の形の用言。
　名詞에하다を付けると動詞や形容詞になる。
　예) 공부하다　사랑하다

●過去形の縮約形

　1. 同字縮約形：받침無しで아/어系の語幹

　　　　가다 → (가았다) → 갔다　　세다 → (세었다) → 셌다

　2. 合体形：받침無しで子音の下に母音がある語幹

　　　　오다 → (오았다) → 왔다　　추다 → (추었다) → 췄다

　3. その他：받침無しで短い劃(·)のない母音の語幹 （ㅡ / ㅣ）

　　　　쓰다 → (쓰었다) → 썼다　　마시다 → (마시었다) → 마셨다

　　　　　13-2　尊敬動詞の過去形 参照

●합니다体(〜ます形)の過去形　語幹 ＋ 았/었/였 ＋ 습니다

> **ポイント**　過去形の語幹は받침で終わるで、〜ました形の語尾は全て「습니다」になる。
> 例) 가다 → 갔습니다　먹다 → 먹었습니다

●해요体の過去形　過去形**語幹** ＋ 어요　　$\boxed{固定形}$

語幹 ＋ 았/었/였 ＋ 어요

> **注意**　母音の種類に関係なく、必ず「어요」を付ける。
> 例) 가다 → 갔어요　먹다 → 먹었어요　하다 → 했어요

●否定の過去形　語幹 ＋ ~지 않았습니다 / ~지 않았어요　　$\boxed{固定形}$

　例)　만나지 않았어요. 会いませんでした。

　　　먹지 않았습니다. 食べませんでした。

> **注意**　「〜(っ)てません」のような表現は、日本語とは異なり、用言ではなく、
> 用言に続く否定形を過去形にする。
> 例) 行ってません → 가지 않았어요.
> 聞いてません → 듣지 않았습니다.

▶動詞の過去形

基本形	過去形	해요体の過去形	ます形の過去形	否定の過去形
가다　行く	갔다	갔어요	갔습니다	가지 않았다
*걷다　歩く	걸었다	걸었어요		
기다리다　待つ	기다렸다			
닫다　閉める / 閉じる				
걸다　かける				
*듣다　聞く				
마시다　飲む				
만나다　会う				
먹다　食べる				
배우다　習う/ 学ぶ				
벗다　脱ぐ				
보다　見る				
사다　買う				
살다　住む / 暮らす				
쉬다　休む / 一服する				
쓰다　書く / 使う				
씻다　洗う				
열다　開ける				
오다　来る				
울다　泣く				
웃다　笑う				
일어나다　起きる				
읽다　読む				
자다　寝る				
추다　踊る				
피우다　吸う				
하다　する				

注意　　*は「ㄷ」不規則活用用言　13-4まとめ　参照。

練習 1) 보기에 ならって、過去形文章を言ってみましょう。

보기　　　영화를 보다　　　영화를 봤습니다.

① 시험 공부를 하다 ________________________________

② 친구를 만나다 ________________________________

③ 어머니께 편지를 쓰다 ________________________________

④ 동창회에 참석[參席]/出席하다 ________________________________

⑤ 한국어 동아리에 가다 ________________________________
　　　※동아리サ-クル

13-2　尊敬動詞の過去形　語幹 + 었 ⇒ 셨　　　*固定形

●尊敬形動詞の語幹は、全て母音「ㅣ」で終わるので、補助語幹「었」が付き「셨」になる。

練習 2) 次の動詞尊敬形の過去形と日本語の意味を書きなさい。

보기　　　가시다 → 가셨다 行かれた　　드시다 → 드셨다 召し上がった

① 계시다　→ ________________ 　② 만나시다 → ________________
　（原 있다 : 사람)　　　　　　　　　　　（基 만나다)

③ 쓰시다　→ ________________ 　④ 오시다　→ ________________
　（基 쓰다)　　　　　　　　　　　　　　（基 오다)

⑤ 읽으시다 → ________________ 　⑥ 있으시다 → ________________
　（基 읽다)　　　　　　　　　　　　　　（基 있다 : 사람以外)

⑦ 주무시다 → ________________ 　⑧ 하시다　→ ________________
　（原 자다)　　　　　　　　　　　　　　（基 하다 : 사람)

만나다　→　만나고 나서　　会ってから

듣다　→　듣고 나서　　聞いてから

練習 3) 보기에 따라서 두つの語句を一つにつなげて、訳しなさい。

> 보기　설명[説明]을 듣다 / 질문[質問]을 하다
>
> 설명을 듣고 나서 질문을 했어요　説明を聞いてから質問をしました。

① 숙제[宿題]를 하다 / 텔레비전을 보다

____

② 식사[食事]를 하다 / 커피를 마시다

____

③ 시험[試験]이 끝나다 / 미팅合コン을 하다

____

④ 책을 읽다 / 독후감[読後感]을 쓰다

____

⑤ 영화를 보다 / 노래방カラオケルーム에 가다

____

머리/
머리카락
안경
코
꽃
눈썹
눈
모자
귀
팔
시계
입
손
팔꿈치
핸드백
무릎
다리
구두
발

●動詞の過去形

基本形	過去形	해요体の過去形	ます形の過去形	否定の過去形
가다	갔다	갔어요	갔습니다	가지 않았다
닫다	닫았다	닫았어요	닫았습니다	닫지 않았다
서다	섰다	섰어요	섰습니다	서지 않았다
읽다	읽었다	읽었어요	읽었습니다	읽지 않았다
배우다	배웠다	배웠어요	배웠습니다	배우지 않았다
쓰다	썼다	썼어요	썼습니다	쓰지 않았다
마시다	마셨다	마셨어요	마셨습니다	마시지 않았다

●~고 나서 　固定形　(し)てから

퇴근하고 나서 데이트를 했어요. 退社してからデートをしました。

점심을 먹고 나서 아르바이트를 했어요. お昼を食べてからバイトをしました。

※「ㄷ」不規則活用用言とは?

語幹が「ㄷ」で終わる用言は、母音で始まる語尾の前で「ㄷ」が「ㄹ」に変わる。

예) 걷다步く → 걸었다　듣다聞く → 들었다

묻다問う/尋ねる → 물었다　싣다載せる → 실었다

※但し、「ㄷ」規則活用用言もあるので、注意すること。
예) 닫다 閉める/閉じる　묻다 埋める

1. **語彙** [어휘]　　発音しながら3回ずつ書きなさい。

① 지난 ＿＿＿＿＿＿＿＿＿＿　⑥ 한글 ＿＿＿＿＿＿＿＿＿＿

② 주말 ＿＿＿＿＿＿＿＿＿＿　⑦ 검정 ＿＿＿＿＿＿＿＿＿＿

③ 지난 주 ＿＿＿＿＿＿＿＿＿　⑧ 전혀 ＿＿＿＿＿＿＿＿＿＿

④ 토요일 ＿＿＿＿＿＿＿＿＿　⑨ 자신 ＿＿＿＿＿＿＿＿＿＿

⑤ 시험 ＿＿＿＿＿＿＿＿＿＿　⑩ 혼자 ＿＿＿＿＿＿＿＿＿＿

2. **文章** [문장]　　発音しながら書きなさい。

① 토요일에 뭐 했어요? ＿＿＿＿＿＿＿＿＿＿＿＿＿＿＿＿＿

② 부모님하고 함께 등산[登山]/山登り을 했습니다. ＿＿＿＿＿＿＿＿

③ 어제는 날씨가 참 좋았어요. ＿＿＿＿＿＿＿＿＿＿＿＿＿＿

④ 그래서 친구하고 공원에 놀러 갔어요. ＿＿＿＿＿＿＿＿＿

⑤ 공원에서 무엇을 하셨어요? ＿＿＿＿＿＿＿＿＿＿＿＿＿

⑥ 자전거를 탔어요. 재미있었어요. ＿＿＿＿＿＿＿＿＿＿＿

⑦ 일요일에 고등학교 동창[同窓]들과 만났어요. ＿＿＿＿＿＿＿

⑧ 오후 5시에 헤어졌어요. ＿＿＿＿＿＿＿＿＿＿＿＿＿＿＿

⑨ 1년간 한국어를 배웠어요. ＿＿＿＿＿＿＿＿＿＿＿＿＿＿

⑩ 수업이 끝나고 나서 영화를 봤어요. ＿＿＿＿＿＿＿＿＿＿

✎ 書く練習　　　作文 --■
쓰기[연습]　　　[작문]

① 図書館で本を読みました。＿＿＿＿＿＿＿＿＿＿＿＿＿＿＿＿＿

② 今朝6時に起きました。＿＿＿＿＿＿＿＿＿＿＿＿＿＿＿＿＿

③ 早く일찍学校へ行きました。＿＿＿＿＿＿＿＿＿＿＿＿＿＿＿

④ 何時に友達と会いましたか。＿＿＿＿＿＿＿＿＿＿＿＿＿＿＿

⑤ 昨日何をなさいましたか。＿＿＿＿＿＿＿＿＿＿＿＿＿＿＿

⑥ 弟と約束[약속]がありました。＿＿＿＿＿＿＿＿＿＿＿＿＿＿＿

⑦ この映画は何時に始まりましたか。＿＿＿＿＿＿＿＿＿＿＿＿

⑧ 先ほど조금 전에駅で別れました。＿＿＿＿＿＿＿＿＿＿＿＿＿

⑨ 食堂でラーメン라면を食べました。＿＿＿＿＿＿＿＿＿＿＿＿

⑩ 先週、アメリカへ行かれました。＿＿＿＿＿＿＿＿＿＿＿＿＿

80 1. 語彙 [어휘]

㉠ 일 _______________________   ㉥ 육 _______________________

㉡ 이 _______________________   ㉦ 칠 _______________________

㉢ 삼 _______________________   ㉧ 팔 _______________________

㉣ 사 _______________________   ㉨ 구 _______________________

㉤ 오 _______________________   ㉩ 십 _______________________

81 2. 文章 [문장]

㉠ 일 ____

㉡ 이 ____

㉢ 삼 ____

㉣ 사 ____

㉤ 오 ____

㉥ 육 ____

㉦ 칠 ____

㉧ 팔 ____

㉨ 구 ____

㉩ 십 ____

햄버거 두 개하고 콜라 하나 주세요.

ハンバーガ-2個とコ-ラひとつ下さい。

－ 固有語系の助数詞 / 해요体の尊敬形 －

Dialogue

점원 : 어서 오세요.

손님 : 햄버거 두 개하고 콜라 하나 주세요.

점원 : 네, 여기 있습니다.

손님 : 얼마예요?

점원 : 햄버거 한 개에 2,000원　콜라 하나에 1,400원

　　　모두 5,400원입니다.

손님 : 여기 있어요.

점원 : 거스름돈 여기 있습니다.

손님 : 수고하세요.

점원 : 감사합니다. 또 오세요.

 発音

원 입니다 → **워님**니다	거스름돈 → 거스름**똔**
있어요 → **이써**요	감사합니다 → 감사**함**니다

語彙 （[　]は漢字語の場合、その表記）

어서　はやく	오세요 (基오다)　いらっしゃい / 来て下さい
	어서 오세요　いらっしゃいませ
햄버거　ハンバーガー	두 개　二 [個]
콜라　コーラ	하나　ひとつ
모두　全て / 皆 / 全部	얼마예요?　いくらですか
여기(에)　ここ (に)	거스름돈　お釣り
수고하세요　ご苦労様 / お世話様	감사　[感謝]
또　また	또 오세요　またお越しください

この課の文法と文型

1. 数詞 (固有語系)

2. ～에　～で (助数詞に続くとき)

3. 外来語

제14과 햄버거 두 개하고 콜라 하나 주세요.　ハンバーガー2個とコーラひとつ下さい。

개 [個]　　권 册　　그루 本　　그릇 杯　　대 [台]
마리 匹(全ての動物を数える単位)　　명 [名]　　번 回　　벌 着
병 本　　사람 人　　송이 本　　시간 [時間]　　자루 本
잔 杯　　장 枚　　켤레 足　　통 [通] 等々

練習 1) 韓国語に直しなさい。

보기　　リンゴ 一つ(/1個)　　사과 하나(한 개)

① 木3本 ________________　② 車7台 ________________

③ ゾウ2頭 ________________　④ 一人(１名) ________________

⑤ コーヒー6杯 ________________　⑥ 服4着 ________________

⑦ ビール5本 ________________　⑧ バラ10本 ________________

⑨ 鉛筆9本 ________________　⑩ 便箋4枚 ________________

▶モノとセットにして覚えましょう

나무- 그루　　차- 대　　코끼리- 마리　　사람- 명　　커피- 잔
옷- 벌　　맥주- 병　　장미- 송이　　연필- 자루　　편지지- 장

 **14-2** 助詞 ～에 : ～で / ～に

한 개에 얼마예요?

세 장에 천 원이에요.

 練習 2) 보기에 따라서 会話をしなさい。
84

보기

300원

가 : 연필이 몇 자루 있어요?　나 : 6자루 있어요
가 : 한 자루에 얼마예요?　나 : 한 자루에 300원이에요.

① 1,000원

가 : ＿＿＿＿＿＿＿＿　나 : ＿＿＿＿＿＿＿＿
가 : ＿＿＿＿＿＿＿＿　나 : ＿＿＿＿＿＿＿＿

② 450원

가 : ＿＿＿＿＿＿＿＿　나 : ＿＿＿＿＿＿＿＿
가 : ＿＿＿＿＿＿＿＿　나 : ＿＿＿＿＿＿＿＿

③ 7,000원

가 : ＿＿＿＿＿＿＿＿　나 : ＿＿＿＿＿＿＿＿
가 : ＿＿＿＿＿＿＿＿　나 : ＿＿＿＿＿＿＿＿

④ 150,000원

가 : ＿＿＿＿＿＿＿＿　나 : ＿＿＿＿＿＿＿＿
가 : ＿＿＿＿＿＿＿＿　나 : ＿＿＿＿＿＿＿＿

⑤

가 : ＿＿＿＿＿＿＿＿　나 : ＿＿＿＿＿＿＿＿

넥타이 ネクタイ	뉴스 ニュース
라디오 ラジオ	메뉴 メニュー
버스 バス	비디오 ビデオ
쇼핑 ショッピング	슈퍼마켓 スーパーマーケット
아르바이트 アルバイト	아이스크림 アイスクリーム
아파트 アパート	에어컨 エアコン
에스컬레이터 エスカレーター	엘리베이터 エレベーター
인터넷 インターネット	주스 ジュース
카메라 カメラ	커피 コーヒ
컴퓨터 コンピュータ(ー)	크리스마스 クリスマス
택시 タクシー	텔레비전 テレビ
파티 パーティー	팩스/팩시밀리 ファックス/ファクシミリ
PC방 ネットカフェ	호텔 ホテル

注意　外来語表記の時、받침には「ㄱㄴㄹㅁㅂㅅㅇ」だけを用いる。
破裂音の表記は原則的に濃音は用いらない。

14-3 まとめ

●固有語系数詞と助数詞(単位)

예	열 살	10歳
	책 두 권	本2冊
	나무 세 그루	木3本
	옷 다섯 벌	服5着

●〜에　〜で / 〜に(助数詞に続くとき)

예	한 권에 8,000원	1冊で8,000ウォン
	세 개에 5,000원	3個で5,000ウォン

本 책　　ノート 공책/노트　　鉛筆[연필]　　シャープペンシル 샤프 펜슬

消しゴム 지우개　　ボールペン 볼펜　　万年筆[만년필]　　定規 자　　筆箱 필통

新聞[신문]　　朝刊[조간]　　夕刊[석간]

雑誌[잡지]　　週刊誌[주간지]　　月刊誌[월간지]　　コミック/漫画[만화]

食べ物 음식　　焼肉 불고기　　カルビ 갈비　　チヂミ 전(/찌짐)

ご飯 밥　　スープ 국　　混ぜご飯 비빔밥　　キムチ 김치

ヂャプチェ 잡채　　のり巻き 김밥　　チゲ 찌개(鍋料理の一種)　　蔘鶏湯[삼계탕]

茶[차]　　緑茶[녹차]　　麦茶 보리차　　玄米茶[현미차]

とうもろこし茶 옥수수차　　紅茶[홍차]　　コーヒー 커피

花 꽃　　バラ 장미　　百合[백합]　　ひまわり 해바라기　　朝顔 나팔꽃　　牡丹 모란

あじさい/ショウカ 수국/자양화　　コスモス 코스모스　　チューリップ 튤립

カーネーション 카네이션

服 옷　　スーツ 정장/수트　　制服 유니폼/교복[校服]

スカート 치마/스커트　　ズボン 바지　　セーター 스웨터　　Ｔシャツ 티셔츠

ブラウス 블라우스

動物[동물]　　犬 개　　猫 고양이　　トラ 호랑이　　獅子 사자　　キリン 기린

鳥 새　　カササギ 까치　　鳩 비둘기　　つばめ 제비　　カラス 까마귀

酒 술　　ビール 맥주　　焼酎[소주]　　どぶろく 막걸리/탁주

清酒[청주]/サケ　　ウィスキー 위스키　　コニャック 코냑　　カクテル 칵테일

手紙 封筒 편지 봉투　　便箋 편지지　　カード 카드　　切手 우표

1. 数詞と助数詞 [수사]와 [조수사]　　発音しながら3回ずつ書きなさい。

① 책 한 권　　_______________________

② 볼펜 두 자루　　_______________________

③ 친구 다섯 명　　_______________________

④ 자동차 세 대　　_______________________

⑤ 열 개에 만 원　　_______________________

2. 文章 [문장]　　発音しながら書きなさい。

① 빵 한 개하고 우유 하나 주세요.　　_______________________

② 커피 두 잔 주세요.　　_______________________

③ 장미[薔薇]꽃 세 송이 주세요.　　_______________________

④ 자동차 한 대하고 자전거가 한 대 있어요.　　_______________________

⑤ 책상 위에 사전이 한 권 있어요.　　_______________________

⑥ 한 개에 얼마예요?　　_______________________

⑦ 맥주 한 병에 3,000원이에요.　　_______________________

⑧ 편지지 열 장에 얼마예요?　　_______________________

⑨ 백화점에서 구두를 한 켤레 삽니다.　　_______________________

⑩ 몇 살이에요?　　_______________________

✎ 書く練習　　作文 --■
쓰기 [연습]　　[작문]

① いらっしゃいませ。

② コ-ヒ-を1杯下さい。

③ リンゴ3個で6,000ウォンです。

④ 便箋10枚でいくらですか。

⑤ 机の上に本1冊とノ-ト2冊があります。

⑥ ハンバ-ガ-3個とピザ1個下さい。

⑦ 全部[전부]/모두でいくらですか。

⑧ 友達2人と勉強をします。

⑨ 私は19歳です。

⑩ 家族[가족]は全部5人です。

1. 語彙 [어휘]

85

일 _______________________ 육 _______________________

이 _______________________ 칠 _______________________

삼 _______________________ 팔 _______________________

사 _______________________ 구 _______________________

오 _______________________ 십 _______________________

2. 文章 [문장]

86

일 ____

이 ____

삼 ____

사 ____

오 ____

육 ____

칠 ____

팔 ____

구 ____

십 ____

15
제 십오 과

눈이 오는 곳도 있었어요. 雪が降る所もありました。

— 動詞の連体形 / ㅎ不規則 —

Dialogue

스즈키 : 한국에는 잘 다녀오셨어요?

오카다 : 덕분에 잘 다녀왔습니다.

스즈키 : 그런데 무슨 일로 가셨어요?

오카다 : 회사 일로 출장을 갔습니다.

스즈키 : 한국 날씨는 어땠어요?

오카다 : 꽤 쌀쌀했어요. 벌써 눈이 오는 곳도 있었어요.

그런데 지금 읽고 있는 책이 뭐예요?

스즈키 : 사실은, 저도 한국어 공부를 시작했어요.

 **発音**

88

덕분에 → 덕**뿐**네　　　출장 → 출**짱**

읽고 → **일꼬**　　　있는 → **인**는

※発音規則(4)**鼻音化** 参照

 **語彙** ([　]は漢字語の場合、その表記)

다녀오셨어요?　行っていらっしゃいましたか	덕분에　お陰で
일　仕事	～로　～で
출장　[出張]	날씨　天気
어땠어요(基어떻다)　どうでしたか	꽤　かなり/なかなか/よほど
쌀쌀했어요(基쌀쌀하다)　冷たかったです/肌寒かったです	
벌써　もう/すでに/とっくに	눈　雪
오는(基오다)　来る/降る＋体言	지금　今
사실은　[事実]は/実は	～도　～も

この課の文法と文型

1. 動詞の連体形

2. ㅎ不規則活用用言

3. 季節と天気

4. ～(으)로　받침の有無　原因・理由を表す　～で/～ために

1 現在連体形　　語幹+는 ： 〜する / 〜している＋名詞　　固定形

하다	하 + 는	공부하는 학생	勉強する学生。
있다	있 + 는	시간 있는 사람	時間のある人。
먹다	먹 + 는	우동을 먹는 사람	うどんを食べる人。

ポイント　　現在連体形は、現在行われている（存在する）事柄や習慣などに使われる。

注意　　① 韓国語の連体形は基本形と違う（日本語と違うところ）。
　　　　② 「ㄹ」받침は脱落し받침がないのと同じく活用。
　　　예）　울다 / 아이 → 우는 아이

練習 1) 보기のように二つの語句を一つの文章につなげ、訳しなさい。

　　보기　　매일 가다 / 공원　　매일 가는 공원　毎日行く公園。

① 교실에 있다 / 학생　_______________________

② 코트를 입다 / 신사　_______________________

③ 전철을 타다 / 곳　_______________________

④ 벤치에서 쉬다 / 사람　_______________________

⑤ 전화를 걸다 / 아이　_______________________

② **過去連体形**　　語幹＋ㄴ/은 ： 〜した＋名詞　　받침의 有無

하다　　하 ＋ ㄴ　　운동한 학생　　[運動] した学生。

먹다　　먹 ＋ 은　　빵을 먹은 사람　　パンを食べた人。

注意　　있다/없다の過去連体形である있은/없은はほとんど使われず、

① 基本形の語幹に「던」を付けて **있던/없던**

② 過去形の語幹に「던」を付けて **있었던/없었던**で過去を表すことが多い。

예)　조금 전에 있던 사람 / 조금 전에 있었던 사람

練習 2) 보기のように二つの語句を一つの文章につなげ、訳しなさい。

보기　어제 읽다 / 신문　　어제 읽은 신문　昨日読んだ新聞

① 치마를 입다 / 여학생　________________________

② 친구를 만나다 / 커피숍　________________________

③ 아침에 먹다 / 샐러드　________________________

④ 지난 주에 보다 / 영화　________________________

⑤ 어제 사다 / 소설책　________________________

③ 回想連体形　　語幹＋던 ： 〜た / 〜ていた＋名詞　　固定形

| 하다 | 하 ＋ **던** | 데이트하**던** 공원 | デートした[公園]。 |
| 먹다 | 먹 ＋ **던** | 자주 먹**던** 라면 | よく食べたラーメン。 |

ポイント　回想連体形は、主に現在は行っていない過去の継続した行為を表す。

練習 3) 보기のように二つの語句を一つの文章につなげ、訳しなさい。

보기　매주 읽다 / 잡지　　<u>매주 읽**던** 잡지</u> 毎週読んだ雑誌。

① 자주 가다 / 커피숍 _______________________

② 점심을 먹다 / 식당 _______________________

③ 시험 공부하다 / 도서관 _______________________

④ 4년간 다니다 / 대학 _______________________

⑤ 어릴 때 같이 놀다 / 친구 _______________________

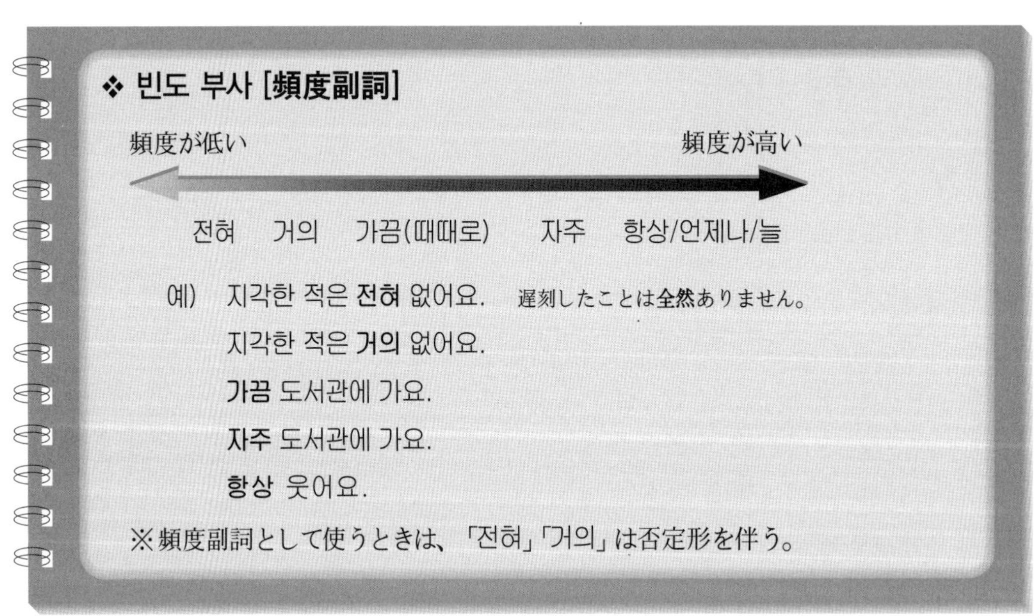

❖ 빈도 부사 [頻度副詞]

頻度が低い　←————————————→　頻度が高い

전혀　　거의　　가끔(때때로)　　자주　　항상/언제나/늘

예)　지각한 적은 **전혀** 없어요.　遅刻したことは**全然**ありません。

　　지각한 적은 **거의** 없어요.

　　가끔 도서관에 가요.

　　자주 도서관에 가요.

　　항상 웃어요.

※頻度副詞として使うときは、「전혀」「거의」は否定形を伴う。

④ **未来連体形**　　語幹＋(으)ㄹ ： 〜する ＋ 名詞　　받침의 有無

하다　　하 ＋ ㄹ　　공부할 사람　　(これから)勉強する人。

먹다　　먹 ＋ 을　　점심에 먹을 도시락　　お昼に食べるお弁当。

注意　　1. 日本語には未来連体形がなく、現在連体形で表現するが、
　　　　　韓国語はこれから行われることは、ほとんど未来連体形を使う。
　　　　　ただし、選択を要する事柄(/決定されたこと)は、現在連体形を使うこともある。
　　　　　예)　내일 영화 보러 가는 사람
　　　　2.「ㄹ」語幹で終わる単語は、基本形から語尾をとった形のまま使う。
　　　　　예)　여기에서 살다 / 사람　→　여기에서 살 사람

練習 4) 보기のように二つの語句を一つの文章につなげ、訳しなさい。

　　　보기　　내일 만나다 / 친구　　내일 만날 친구　明日、会う友達。

① 나중에 하다 / 숙제 ______________________________

② 해외 여행 가다 / 사람 ______________________________

③ 다음 주에 받다 / 용돈 ______________________________

④ 중국어를 배우다 / 사람 ______________________________

⑤ 토요일에 보러 가다 / 연극 ______________________________

15-2 계절과 날씨 [季節] と天気

봄 春　　　　　따뜻하다 暖かい

여름 夏　　　　덥다 暑い　　　　무덥다 蒸し暑い　　　비 雨

가을 秋　　　　시원하다 涼しい　　쌀쌀하다 肌寒い　　　바람 風　　태풍 台風

겨울 冬　　　　춥다 寒い　　　　　　　　　　　　　　눈 雪

사계 [四季]　　춘하추동 [春夏秋冬]　맑다/개다 晴れる　　　맑음/갬 晴れ

　　　　　　　　　　　　　　　흐리다 曇る　　　　　흐림 曇り

練習 5) 보기에 ならって作文し、訳しなさい。

보기　봄 / 날씨 / 따뜻하다　봄에는 날씨가 따뜻합니다. 春は天気が暖かいです。

① 여름 / 기온[気温] / 높다 ________________________________

② 가을 / 날씨 / 시원하다 ________________________________

③ 가을 / 태풍 / 많이 불다 ________________________________

④ 겨울 / 눈 / 많이 오다 ________________________________

⑤ 한국 / 사계절 / 있다 ________________________________

❖ㅎ**不規則活用用言**

語幹が「ㅎ」で終わる形容詞 （「좋다」を除く）は「ㄴ/ㅁ」の前で脱落する。

그렇다 そうだ　　노랗다 黄色い　　빨갛다 赤い　　어떻다 どうだ

이렇다 こうだ　　파랗다 青い　　　하얗다 白い　など

注意　　形容詞좋다と動詞は規則的に活用する。

예) 낳다 産む　놓다 置く/放す　닿다 着く/届く　좋다 よい

---

1 現在連体形　　固定形

●作り方：基本形語幹の받침「ㅎ」をとって、「ㄴ」をつける。

ヒント　받침のない動詞 過去連体形 と同じく活用。

그렇다　　그러 ＋ ㄴ → 그런　　그런 책

빨갛다　　빨가 ＋ ㄴ → 빨간　　빨간 가방

---

2 過去連体形　　母音の種類

●作り方：① 基本形の語幹に「던」を付ける。

② 過去形にして、語幹に「던」をつける。

*過去形：語幹末の母音が「ㅏ/ㅓ」である場合は「ㅐ」に、

「ㅑ」は「ㅒ」に変えて「ㅆ」받침をつける。

基本形：그렇다　　그렇 ＋ 던 → 그렇던

過去形：그랬다　　그랬 ＋ 던 → 그랬던

⑶ **予測・推測形**　　固定形

●作り方：基本形語幹の받침「ㅎ」をとって、「ㄹ」をつける。

 받침のない動詞の未來形と同じく活用。

| 어떻다 | 어떠 + ㄹ → 어떨 | 내일이 어떨까요? |
| 노랗다 | 노라 + ㄹ → 노랄 | 색깔이 노랄까요? |

⑷ **連用形**　　母音の種類

●作り方：過去形語幹から「ㅆ」をとる

基本形	過去形		連用形	해요体	해요体の過去形
어떻다	어땠다	→	어때	어때요	어땠어요
파랗다	파랬다	→	파래	파래요	파랬어요
하얗다	하얬다	→	하얘	하얘요	하얬어요

하늘이 파래요.

이 영화 어때요?

▶次の**ㅎ活用用言**の活用形を書いてみよう。

基本形	現在連体形	過去形	過去連体形	해요体	予測·推測形
그렇다	그런	그랬다	그렇던/그랬던	그래요	그럴까요?
노랗다					
빨갛다					
어떻다					
파랗다					
하얗다					
좋다	좋은				

注意　　좋다は「ㅎ不規則活用」ではなく、**規則的に活用**する。

練習 6) 보기のように（　　）の中の言葉を適当な形に活用させて、訳しなさい。

보기　그 사람이 정말 (그렇다) ㄹ까요?

그 사람이 정말 그럴까요?　あの人が本当にそうでしょうか。

① 어제는 날씨가 (어떻다) ㅆ어요?
　　　　　　　　　　　-過去形に-

② 가을 하늘天/空은 높고 (파랗다)요.
　　　　　　　　　　　-해요体に-

③ (어떻다) 사람을 좋아해요?
　　　　　　　　　　-現在連体形に-

④ (그렇다) 이야기는 듣지 않았어요.
　　　　　　　　　　-現在連体形に-

⑤ 이 영화 (어떻다) ㄹ까요?
　　　　　　　　　　-予測・推測形に-

제15과 눈이 오는 곳도 있었어요. 雪が降る所もありました。

体言に付いて原因・理由を表す

감기로 쉬었어요.　　風邪で休みました。

두통으로 잠을 못잤어요.　　頭痛で眠れませんでした。

무슨 일로 오셨어요?　　何の用で来られましたか。
（= 何のご用でしょうか。）

練習 7) 보기에 ならって作文し、訳しなさい。

보기　　전철 사고 / 지각하다

전철 사고로 지각했어요.　電車[事故]で[遅刻]しました。

① 아르바이트 / 피곤하다疲れる

____

② 취직[就職] 문제 / 고민하다悩む

____

③ 회사 일 / 출장[出張]을 가다

____

④ 지진[地震] / 건물 / 흔들리다揺れる

____

⑤ 기압 차[気圧差] / 귀 / 먹먹하다詰った感じ / つうんとする

____

15-4　まとめ

● 動詞の連体形

現在形　固定形　　　　　過去形　반침의 有無　　　未来形　반침의 有無

지금 만나는 사람　　　　어제 만난 사람　　　　내일 만날 사람

● ㅎ不規則

基本形	現在連体形	過去形	過去連体形	해요体
그렇다	그런	그랬다	그렇던/그랬던	그래요
빨갛다	빨간	빨갰다	빨갛던/빨갰던	빨개요

그런 책은 비쌉니다.　そういう本は高いです。

아기 볼이 빨개요.　　赤ちゃんのほおが赤いです。

● 天気

봄에는 따뜻합니다.　春は暖かいです。

일본의 여름은 무덥습니다.　日本の夏は蒸し暑いです。

1. 語彙 [어휘]　　　発音しながら3回ずつ書きなさい。

① 한국 ＿＿＿＿＿＿＿＿＿＿＿　⑥ 날씨 ＿＿＿＿＿＿＿＿＿＿＿

② 덕분 ＿＿＿＿＿＿＿＿＿＿＿　⑦ 꽤 ＿＿＿＿＿＿＿＿＿＿＿

③ 무슨 일 ＿＿＿＿＿＿＿＿＿　⑧ 벌써 ＿＿＿＿＿＿＿＿＿＿＿

④ 회사 ＿＿＿＿＿＿＿＿＿＿＿　⑨ 지금 ＿＿＿＿＿＿＿＿＿＿＿

⑤ 출장 ＿＿＿＿＿＿＿＿＿＿＿　⑩ 공부 ＿＿＿＿＿＿＿＿＿＿＿

2. 文章 [문장]　　　発音しながら書きなさい。

① 무슨 일로 미국에 가셨어요? ＿＿＿＿＿＿＿＿＿＿＿＿＿＿＿＿＿

② 회사 일로 한국에 다녀왔습니다. ＿＿＿＿＿＿＿＿＿＿＿＿＿

③ 어제 날씨는 어땠어요? ＿＿＿＿＿＿＿＿＿＿＿＿＿＿＿＿＿＿

④ 지금은 빨간 신호[信号]예요. ＿＿＿＿＿＿＿＿＿＿＿＿＿＿＿

⑤ 제가 다니는 대학이에요. ＿＿＿＿＿＿＿＿＿＿＿＿＿＿＿＿＿

⑥ 약속 있는 사람이 누구예요? ＿＿＿＿＿＿＿＿＿＿＿＿＿＿＿

⑦ 어제 읽은 소설 책은 재미있었어요. ＿＿＿＿＿＿＿＿＿＿＿

⑧ 토요일에 본 한국 영화는 어땠어요? ＿＿＿＿＿＿＿＿＿＿＿

⑨ 내일 먹을 빵이에요. ＿＿＿＿＿＿＿＿＿＿＿＿＿＿＿＿＿＿

⑩ 자주 가던 커피숍이 없어졌어요. ＿＿＿＿＿＿＿＿＿＿＿＿＿

書く練習　　　　作文 --
쓰기 [연습]　　　　[작문]

① (今) コーヒーを飲む女子学生は誰ですか。

____

② 読んでいる本の題名제목は何ですか。

____

③ 昨日授業した内容 [내용] は何ですか。

____

④ 韓国から来た人と会います。　___________________________

⑤ 京都の天気はどうでしたか。　___________________________

⑥ 後で飲む緑茶 [녹차] です。　___________________________

⑦ ここが私が住んでいた下宿屋 [하숙] 집です。

____

⑧ よく通っていた (通う:다니다) コーヒーショップです。

____

⑨ これが毎週読んでいた雑誌です。

____

⑩ あそこにある赤いカバンは誰のものですか。

____

89 1. 語彙 [어휘]

⑪ 일	⑯ 육	십일
⑫ 이	⑰ 칠	십이
⑬ 삼	⑱ 팔	십삼
⑭ 사	⑲ 구	십사
⑮ 오	⑳ 십	십오

90 2. 文章 [문장]

⑪ 일

⑫ 이

⑬ 삼

⑭ 사

⑮ 오

⑯ 육

⑰ 칠

⑱ 팔

⑲ 구

⑳ 십

 # 종합연습문제 (3)

1. 읽기 ――
91

피크닉

지난 ①土曜日에 친구들 네 명하고 ②山으로 놀러갔습니다. 우리들은 오전 9시 10분에 서울역을 출발하는 ③列車를 탔습니다. 날씨가 참 좋았습니다. 역에서 내려 산까지 1시간 반쯤 걸렸습니다. 산에는 나무들이 울창했고 새도 많았습니다. 우리들은 오후 1시쯤에 준비해 간 도시락을 먹었습니다. 그리고 게임도 하고 친구가 가지고 온 카메라로 ④写真도 많이 찍었습니다.

참고	놀다 遊ぶ　　출발하다 [出発]する　　울창하다 [欝蒼]としている/茂る　　새 鳥
어휘	준비하다 [準備]する/用意する　　게임 ゲーム　　찍다 (写真を)撮る

문제 1) 本文に出てくる漢字の韓国語表記を書きなさい。

① ________　　② ________　　③ ________　　④ ________

문제 2)　次の質問に答えなさい。

① 언제 산에 갔어요? ________________________________

② 모두 몇 명이 갔습니까? ________________________________

③ 어디에서 열차를 탔어요? ________________________________

④ 점심은 무엇을 먹었습니까? ________________________________

⑤ 점심을 먹은 후에 뭘 했습니까? ________________________________

 問題 1）カレンダ-を見て質問に答えなさい。

2020년

10월　　OCTOBER

M	T	W	T	F	S	S
			1	2	③	4
			국군의 날		개천절	
5	6	7	8	9	10	11
				한글날		
12	13	14	15	16	17	18
	어머니 생신				친구 결혼식	
19	20	21	22	23	24	25
					국제연합일	한글 검정
26	27	28	29	30	31	

일） 10월 3일은 무슨 날이에요?

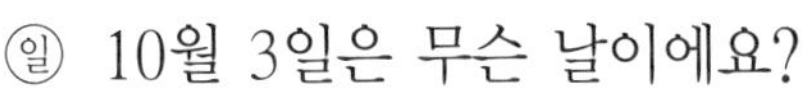

이） 한글날은 며칠이에요?

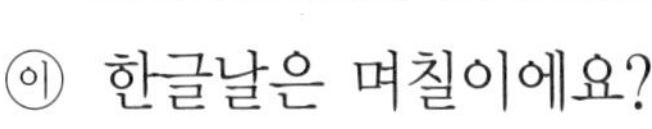

삼） 친구 결혼식은 언제예요?

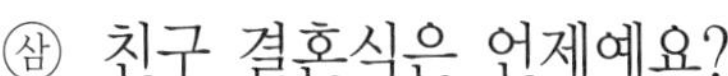

사） 한글 검정 시험은 무슨 요일이에요?

____

오） 10월의 마지막 화요일은 언제입니까?

____

問題 2) 手帳を見て質問に答えなさい。

2017 September

	Monday	Tuesday	Wednesday	Thursday	Friday	Saturday	Sunday
10	2 오전-한국어 수업 오후-	3 개천절 오전-쇼핑 / 장보기 오후-요리	4 추석	5 친척방문 [親戚訪問]	6 오전-한국어 수업 오후-「난타」 공연관람	7 아버지생신	8 가사 (청소, 빨래)

㉠ 금요일 오후에 무엇을 합니까?

____

㉡ 온 가족이 생일을 축하お祝い하는 날은 언제입니까?

____

㉢ 백화점에 가는 날은 언제입니까?

____

㉣ 추석 연휴[連休]는 며칠입니까?

____

㉤ 학교 근처에서 영화를 보려고 합니다. 언제가 좋습니까?

____

問題 3) ある大学生の一日の行動です。

CDを聞いて(　　　)の中に適当な時間を書き入れなさい。

06：30　起きる

（　：　）　朝ご飯を食べる

08：10　学校へ行く

（　：　）┐
　　　　　├授業を受ける
12：20　┘

（　：　）　お昼を食べる

점심을 먹은 후
お昼を食べた後

13：10┐
　　　　├授業を受ける
（　：　）┘

（　：　）　家に帰る

19：30　夕食をとる

（　：　）┐
　　　　　├テレビを見る
22：40　┘

（　：　）　寝る

START ! 한국어

歌う	(歌を)부르다	お父さん	아버지
内	[내]/안	弟	남동생
内側	안쪽	踊る	(踊りを)추다
美しい	아름답다/예쁘다	おばあさん	할머니
腕	팔	おばさん	아주머니
馬	말	お昼	점심
上手い	잘 하다	覚える	기억하다/외우다
~生まれ	~생	重い	무겁다
海	바다	面白い	재미있다
売る	팔다	面白くない	재미없다
嬉しい	즐겁다/기쁘다	終わる	끝나다
運動	[운동]	音楽	[음악]
絵	그림		
映画	[영화]		
英会話	영어[회화]	**カ**	
映画館	[영화관]	課	[과]
英語	[영어]	かい	①会[회] ②回[회]
駅	[역]		③階층
干支	띠	会議	[회의]
選ぶ	고르다	会社	[회사]
鉛筆	[연필]	会社員	[회사원]
多い	많다	階段	[계단]
大きい	크다	会話	[회화]/대화
お母さん	어머니	買う	사다
起きる	일어나다	帰る	돌아가다
億	억	顔	얼굴
奥	속/안	かかる	걸리다
奥様	부인/사모님	書き取り	받아 쓰기
送る	보내다/부치다	書く	쓰다/적다
おじいさん	할아버지	学生	[학생]
おじさん	아저씨	かける	걸다
教える	가르치다	かさ	우산
おしゃべり	말/이야기/수다	風	바람
遅い	늦다	風邪	감기
おそらく	아마/필시	家族	[가족]
音	소리	学校	[학교]

月	[월]/달	九	[구]
悲しい	슬프다	休憩室	[휴게실]
必ず	반드시/꼭	旧暦	음력
金	돈	今日	오늘
彼女	그녀/그 여자	教科書	[교과서]
カバン	가방	教師	[교사]
カフェ	카페	教室	[교실]
髪の毛	머리카락	兄弟	[형제]
科目	[과목]	京都	[경도]/교토
通う	다니다/가다	曲	[곡]
火曜日	화요일	嫌い	싫다/싫어하다
~から	~에서/~부터	着る	입다
辛い	맵다	きれいだ	깨끗하다/예쁘다
カラオケルーム	노래방	銀行	[은행]
体	몸	近所	근처/가까이
軽い	가볍다/가뿐하다	金曜日	[금요일]
カルビ	갈비	空港	[공항]
カレンダ-	달력	~ください	~주세요
かわいい	귀엽다/예쁘다	口	입
韓国	[한국]	靴	구두
韓国語	[한국어]/한국말	曇り	흐림
看護士	[간호사]	曇る	흐리다
木	나무	区役所	구청
黄色い	노랗다	~くらい	~정도/~쯤
聞き取り	듣기	暮らす	살다/지내다
聞く	듣다	来る	오다
気象	[기상]	車	[차]
季節	[계절]	経験	[경험]
規則	[규칙]	蛍光ペン	[형광]펜
北	[북]/북쪽	経済	[경제]
北朝鮮	[북조선]/북한	携帯	[휴대]
汚い	더럽다	携帯電話	[휴대전화]/휴대폰/핸드폰
昨日	어제	形容詞	[형용사]
期末	[기말]	激音	[격음]/거센소리
決まる	결정되다	今朝	오늘 아침
キムチ	김치	消しゴム	지우개

下宿	[하숙]	ころ	~쯤
化粧室	[화장실]	今週	이번주
月	[월]/달	こんにちは	안녕하세요
血液型	[혈액형]	コンビニ	편의점
欠席	[결석]		
月曜日	[월요일]		

サ

個	[개]	歳	[세]/살
五	[오]	先ほど	조금 전에
語彙	[어휘]	昨年	[작년]
恋人	[연인]/애인	冊	권
公園	[공원]	札	(お金の)권/~짜리
合格	[합격]	雑誌	[잡지]
講義室	[강의실]	寒い	춥다
高校生	[고교생]/고등학생	サル	원숭이
合コン	미팅	山	[산]
号	[호]	三	[삼]
構内	[구내]	四	[사]
交番	파출소	時	[시]
公務員	[공무원]	試合	시합
コーヒー	커피	子音	[자음]
コーヒーショップ	커피숍	歯科	[치과]
語句	[어구]	しか	~밖에
ここ	여기	しかし	그러나/그렇지만
午後	[오후]	時間	[시간]
九つ	아홉	試験	[시험]
午前	[오전]	事故	[사고]
答え	답/대답	仕事	일
答える	답하다/대답하다	辞書	사전
小包	[소포]	自信	[자신]
今年	[금년]/올해	静かだ	조용하다
言葉	말/언어	下	[하]/아래/밑
子供	아이/어린이	~(し)たい	~(하)고 싶다
この	이	七	[칠]
ご飯	밥	室	[실]
ご覧になる	보시다	質問	[질문]
これ	이것		

失礼	[실례]	少ない	적다
自転車	[자전거]	少し	조금
自動	[자동]	過ごす	지내다/보내다
自分	자기/자신	涼しい	시원하다
閉める	닫다/잠그다	住む	살다
シャープペンシル	샤프펜슬	する	하다
写真	[사진]	正門	[정문]
シャツ	셔츠	席	[석]/자리/좌석
週	[주]	説明	[설명]
十	[십]	狭い	좁다
週末	[주말]	千	[천]
守衛室	[수위실]	前	[전]/앞
授業	[수업]	専攻	[전공]
宿題	[숙제]	選手	[선수]
出席	[출석]/참석	先週	지난주/저번주
出張	[출장]	先生	[선생]
出発	[출발]	全部	[전부]/모두/다
主婦	[주부]	ゾウ	코끼리
春夏秋冬	[춘하추동]	総合	[종합]
順番	순서	そこ	거기
小説	[소설]	外	[외]/밖
焼酎	소주	その	그~
職業	[직업]	それ	그것
食事	[식사]		
食堂	[식당]		
書店	[서점]/책방	**タ**	
知らない	모르다	~(し)たい	~고 싶다
~人	[인]/사람	大学	[대학]
新聞	[신문]	大学生	[대학생]
水曜日	[수요일]	体言	[체언]
吸う	빨다/(タバコを)피우다	退社	[퇴사]/퇴근
数字	[숫자]	大丈夫	괜찮다
スーパーマーケット	슈퍼마켓	台風	태풍
好きだ	좋아하다	題名	제목/타이틀
すぐ	곧/바로	台湾	[대만]/타이완
スクール	스쿨/학원	高い	높다/(値段が)비싸다
			/(背が)크다

濁音化	[탁음화]/거센 소리	~(て/で)いる	~고 있다
タクシ-	택시	デ-ト	데이트
出す	내다	手紙	편지
達	~들	できる	만들어지다/할 수 있다
辰	용	~です	~입니다
建物	[건물]	~ですか	~입니까
楽しい	즐겁다/재미있다	テスト	테스트
タバコ	담배	手帳	수첩
食べる	먹다	では	그러면/그럼
誰	누구	~では	에서는
誰が	누가	~ではない	가(/이)아니다
誰も	(否定をともなって)아무도	出る	나다/나가다
単位	[단위]	テレビ	텔레비전
単語	[단어]/낱말	店員	[점원]
男子	[남자]	天気	날씨
誕生日	생일	電車	전철
小さい	작다/어리다	電話	[전화]
近い	가깝다	~と	~와/~과/~하고
地下鉄	[지하철]	度	[도]/번
遅刻	[지각]	ドア	도어/문
着	벌	ドイツ	독일
中	[중]/내/안	トイレ	화장실
注意	[주의]	東京	[동경]/도쿄
中国	[중국]	東西南北	[동서남북]
兆	[조]	動詞	[동사]
ちょっと	잠깐/잠시/조금/좀	同窓	[동창]
使う	쓰다/사용하다	同窓会	[동창회]
疲れる	피곤하다	どうだ	어떻다
次	다음	到着	[도착]
机	책상	十 (固有語の)	열
つくる	만들다	時	~때
冷たい	차다/냉정하다	時計	[시계]
手	손	どこ	어디
~で	①(場所)에서 ②~에	所	곳
	③(手段)~(으)로	ところが/ところで	그런데
定刻	[정각]	登山	[등산]

歳	나이	二	[이]
~年	~띠	~に	~에/(人の場合)에게/(動詞
図書館	[도서관]		の連用形について)~러
閉じる	닫다	西	[서]/서쪽
とても	아주/정말/참	日	[일]
隣	이웃/옆	日曜日	[일요일]
どの	어느	日韓	[일한]
友達	친구	~には	~에는
土曜日	[토요일]	日本	[일본]
トラ	호랑이	日本語	[일본어]/일본말
努力	[노력]	~人前	~인분
どれ	어느 것	脱ぐ	벗다
どんな	어느/어떤	猫	고양이
		ネズミ	쥐
		寝る	자다
ナ		年	[년]/나이/띠
無い	없다	濃音	[농음]/된소리
内容	[내용]	ノ-ト	공책/노트
中	안/속	残る	남다
長い	길다	飲む	마시다
泣く	울다	乗る	타다
~なさる	~하시다		
夏	여름		
七	[칠]	**ハ**	
七つ	일곱	歯	이/치아
何	무엇	葉	잎
何どし	무슨 띠	~は	~은/~는
生	[생]	杯	잔
名前	이름	売店	[매점]
習う	배우다	泊	[박]
~(く)なる	(形容詞の連用形について)	始まる	시작되다
	~지다	はじめまして	처음 뵙겠습니다
~(に)なる	~(가/이) 되다	始める	시작하다
何	무엇/(数詞のとき)몇	場所	[장소]
南	[남]	バス	버스
何の	무슨	八	[팔]

START! 한국어

発音	[발음]	深い	깊다
発表	[발표]	服	옷
花	꽃	吹く	불다
話す	말하다/이야기하다	二つ	둘
花屋	꽃집	筆箱	필통
はやい	①早い이르다	冬	겨울
	②速い빠르다	フランス	프랑스
はやく	①早く일찍 ②速く빨리	降る	내리다/오다
春	봄	分	[분]
晴れる	①맑다	雰囲気	[분위기]
	②(雲・霧などが) 걷히다	文化	[문화]
半	[반]	文型	[문형]
番	[번]	文章	[문장]
晩	밤	文法	[문법]
ハングル	한글	~へ	~에
番号	[번호]	平音	[평음]
ハンドバック	핸드백	蛇	뱀
ハンバーガ-	햄버거	ベスト	베스트/최선
販売	[판매]	勉強	공부
販売機	[판매기]	返事	대답
ビ-ル	맥주	弁当	도시락
匹	마리	母音	[모음]
低い	낮다	ボ-ルペン	볼펜
ピザ	피자	ポスタ-	포스터
左	왼쪽	本	① 책
羊	[양]		② (ビンなどを数えるとき)병
人	사람		③ (花を数えるとき)송이
一つ	하나		④ (鉛筆などを数えるとき)자루
百	[백]		⑤ (木を数えるとき)그루
百貨店	[백화점]	本当	정말/참
表記	[표기]	本屋	책방/서점
表現	[표현]		
昼	낮/점심		
広い	넓다		

マ

| 便箋 | 편지지 | 枚 | [매]/장 |
| 頻度 | [빈도] | 毎週 | [매주] |

毎日	[매일]
前	[전]/앞
また	또/다시
まだ	아직
~まで	~까지
窓	[창]/창문
学ぶ	배우다
万	[만]
万年筆	[만년필]
右	오른쪽
水	물
短い	짧다
道	길
三つ	셋
見る	보다
向かう	향하다/가다/오다
蒸し暑い	무덥다
難しい	어렵다
六つ	여섯
~名	~명
名詞	[명사]
眼鏡	[안경]
召し上がる	드시다/잡수시다
~も	~도
もう	벌써/이미/더
木曜日	[목요일]
持つ	가지다
もっと	더/더욱
もの	물건/~것
問題	[문제]

ヤ

~屋	~집/가게
約束	[약속]
易しい	쉽다

安い	싸다
休み	① 휴가
	② (学校の長期休み) 방학
休む	쉬다
薬局	[약국]
八つ	여덟
山	[산]
夕食	[석식]/저녁 식사/저녁 밥
郵便局	우체국
夕べ	어제 저녁/어젯밤
雪	눈
良い	좋다
用	[용]/용무
用事	용무/일
曜日	[요일]
陽暦	[양력]
よく	잘/자주
横	옆
四つ	넷
予定	[예정]
呼ぶ	부르다
読み	읽기
読む	읽다

ラ

ラーメン	라면
来月	다음 달
来週	다음 주
来年	[내년]
理解	[이해]
両親	[양친]/부모
緑茶	[녹차]
旅行	[여행]
リンゴ	사과
例	[예]/보기

ㄱ

-가	~が	건너 편	向かい側/向こう側
가까이	近くに- 가깝다の副詞	건너다	渡る
가깝다	近い 'ㅂ' 不規則活用	건물	[建物]
가다	行く	걷다	歩く 'ㄷ' 不規則活用
가루	粉	걷히다	晴れる/取れる
가르치다	教える	걸다	かける
가방	カバン	걸리다	かかる
가운데	中/真ん中/間	검정	[検定]
가을	秋	게임	ゲーム
가족	[家族]	겨울	冬
가지	枝/種類/茄子	견학	[見学]
가지다	持つ	결석	[欠席]
가짜	偽/偽物	경제	[経済]
간호사	[看護士]	경제학	[経済学]
갈다	削る/耕す	경험	[経験]
갈비	カルビ	계단	[階段]
감기	風邪	계시다	いらっしゃる
감사	[感謝]	계절	[季節]
값	値段/値打ち	-고	~と
강사	[講師]	-고 싶다	~したい
강의	[講義]	고기	肉
강의실	[講義室]	고등학생	[高等学生]/高校生
갖다	가지다の縮約語	고려	[高麗]
-같다	~(の)ようだ/~みたいだ	고맙다	ありがたい 'ㅂ' 不規則活用
같이	一緒に	고민	悩み
개	個/犬	고양이	猫
개구리	カエル	고향	[故郷]
개월	ヶ月	곡	[曲]
개천절	[開天節]	곤란	[困難]
	韓国の建国記念日 (10/3)	곧	すぐ
거기	そこ	곱다	美しい/きれいだ 'ㅂ' 不規則活用
거스름 돈	お釣り/釣り銭	곳	ところ
거의	ほとんど/ほぼ/おおよそ	공	[空]/ゼロ/ボール
거짓말	嘘	공무원	[公務員]
걱정	心配	공부	勉強
		공원	[公園]
		공책	ノート

START! 한국어

나라	国
나무	木
나쁘다	悪い
나이	年/年齢
나중	(時間的に)後
날	日
날씨	天気
남	[南]/[男]/他人
남동생	弟
남자	[男子]/男の人
남쪽	南/南側
남편	夫
남학생	男子[学生]
낮	昼
낮다	低い
낱말	単語
낳다	生む/もたらす
내년	[来年]
내다	出す
내리다	降りる/引き下げる
내용	[内容]
내일	明日
내후년	再来年
냉면	[冷麺]
너무	あまり/度を越して
넓다	広い
네	①はい　②主格助詞 '가' の前に用いられる「お前」
넷	四つ
년	[年]
노랗다	黄色い
노래	歌
노트	ノート
녹차	[緑茶]
놀다	遊ぶ
높다	高い
높이	高さ

누가	誰が
누구	誰
누나	(弟からみて)姉
눈	①目　②雪
느리다	遅い
는	~は
늦다	遅い
-님	~様

ㄷ

다	みな/すべて/全部
다녀오다	行ってくる
다니다	通う
다르다	違っている/異なる
다리	脚/橋
다섯	五つ
다하다	尽くす/果たす
다음	次
단어	[単語]
닫다	閉める/閉じる
닫히다	閉まる
달	月
달다	①かける ②甘い
달력	暦/カレンダー
닭	鶏
담배	タバコ
닿다	着く/届く
대	[台]
대답	答え/返事
대만	[台湾]
대부분	大半
대신	身代わり/代わり
대표	[代表]
대학	[大学]
대학생	[大学生]
대학원	[大学院]

댁	[宅]
더럽다	汚い/汚れる
더	もっと/さらに
덕분	おかげ
덥다	暑い
데이트	デート
도	[度]/℃
도로	[道路]
도서관	[図書館]
도시락	お弁当
도착	[到着]
도쿄	東京
독일	ドイツ
돈	お金
돌아가다	帰る
돌아가시다	お帰りになる
	/お亡くなりになる
동물	動物
동사	動詞
동생	妹/弟
동서남북	[東西南北]
동아리	仲間/(大学などの)サークル
동쪽	東/東方
동창	[同窓]
동창회	[同窓会]
돼지	豚
되다	~になる/できる
두다	置く
두부	[豆腐]
둘	二つ
뒤	①(空間的に)後ろ/あと
	②(時間的に)後ご・あと/のち
드라마	ドラマ
드시다	召し上がる
듣기	聞くこと/聞き取り
듣다	聞く 'ㄷ' 不規則活用
들다	①入る/(気に)入る ②持つ

들	野/野原
-들	~達/~ども
들어가다	①入る/入っていく ②就職する
등	背中
등산	[登山]/山登り
디자이너	デザイナー
디지털	デジタル
따님	他人の娘の尊敬語：お嬢さん
따다	摘む/取る
따뜻하다	暖かい/温かい
따라하다	ついてやる
딸	娘
때	①時/時間/時刻 ②垢
또	また/再び
또래	同じ年頃の者/同年輩
뛰다	①走る/駆ける ②跳ぶ
띠	①帯 ②(十二支の)~年

ㄹ

-라는	~という
-라면(-이라면)	仮定条件を表す：~なら/~だと言うなう
-란	①[欄] ②-라고 하는/-라는の縮約語
-러(-으러)	~しに/~するために
러시아	ロシア
레스토랑	レストラン
-력	[力]
-로(-으로)	①(手段・方法・道具を表す/原因・理由を表す)~で ②(方向を表す)~に/~へ
-료	[~料]
륙	六
-를	~を
리무진	リムジン

ㅁ

마디	①節 ②(言葉・曲などの)ひと区切り
마리	(固有語の助数詞)匹
마시다	飲む
마을	村/部落
마음	心/気持ち
마지막	最後/終わり
마치	まるで
마치다	終わる/終える
마침	ちょうど
마흔	(固有語の)四十
만	[万]
만나다	会う
만년필	[万年筆]
만들다	作る
만일	万一/もし/仮に
많다	多い
많이	多く/たくさん
맏아들	長男
맏이	(息子・娘を問わず)一番上の子供/第一子
말	①言葉/話 ②馬
말씀	①(尊敬語)お言葉 ②自分の言葉の謙譲語
말하다	言う/話す
맑다	①清い/澄んでいる/きれいだ ②晴れている
맛	味
매일	[毎日]
매점	[売店]
매주	[毎週]
맥주	[麦酒]/ビール
맵다	辛い 'ㅂ'不規則活用
머리	頭
머리카락	髪の毛
먹다	食べる

먹먹하다	(耳が)詰まった感じがする/つうんとする
먼저	先
멀다	遠い
멀리	遠くに 遠いの副詞
며칠	何日
명	[名](固有語・漢語数詞につく助数詞)
몇	(数えるとき)何/幾つ
모두	全部/みんな
모래	砂
모레	明後日
모르다	知らない/わからない
모양	形/様子
모이다	集まる
모자	[帽子]
목	首/喉
목요일	[木曜日]
몫	分/分け前/取り分
몸	体
못	(動詞の前について)① 不可能の意を表す ～できない ②巧みでない意を表す
무덥다	蒸し暑い
무릎	膝
무슨	何の(体言が続く)
무엇	何
문	[門]
문법	[文法]
문제	[問題]
묻다	①問う/尋わる ②埋ぬる 'ㄷ'不規則活用
묻히다	埋もれる/埋められる
물	水
물건	物/品物
뭐	무엇の縮約語
뭘	무엇을の縮約語：何を

미국	[美国]/米国
미용사	美容師
미팅	①ミ-ティング ②合コン
민속촌	[民俗村]
밉다	憎い/憎たらしい 'ㅂ'不規則活用
밑	下/底

ㅂ

바꾸다	代える/交換する/取り替える
바다	海
바닷가	海辺
바람	風
바로	①まっすぐに ②正しく ③すぐ/直ちに ④まさに
바쁘다	忙しい
바지	ズボン
박	[泊]
밖	外
-밖에	(否定の表現とともに用いられて) ~しか
반	[半]
반갑다	嬉しい/懐かしい 'ㅂ'不規則活用
받다	受ける/もらう
받침	(ハングルで)母音の下に付く子音
발	足
발음	[発音]
발표	[発表]
밝다	明るい
밟다	踏む
밤	①[晩] ②栗
밥	飯/ご飯
방문	(部屋の)ドア
방학	(学校の長期の)休み
배	①腹 ②船 ③梨
배우다	習う/学ぶ

백	[百]
백화점	[百貨店]
뱀	蛇
버스	バス
번	(漢語につく助数詞)①番 ②(固有語につく助数詞)度/回
번호	[番号]
벌	(固有語につく助数詞)着
벌써	すでに/とっくに
벗다	脱ぐ
병	①[病]/病気 ②[瓶] ③(固有語につく助数詞)本
병아리	ひよこ
병원	[病院]
보기	例/見本
보내다	送る/過ごす
보다	見る
보따리	包み
복	[福]/幸運
복도	廊下
복사기	[複写機]/コピ-機
볼펜	ボールペン
봄	春
뵙다	伺う 'ㅂ'不規則活用
부르다	①呼ぶ/読み上げる ②(歌を)歌う
부모	[父母]
부부	[夫婦]
부인	[夫人]/奥様
부치다	送る/届ける
부탁	頼み/願い
북쪽	北/北方
분	①[分] ②(固有語につく助数詞)人数を数えるとき사람(/명)の敬語
불고기	焼肉
불다	吹く

붙이다	①付ける ②(言葉を)かける	새	①鳥 ②新しい~/新~
비	雨	새벽	夜明け/明け方
비밀	[秘密]	색깔	色/色彩
비빔밥	混ぜご飯	샐러드	サラダ
비슷하다	ほとんど同じだ/似ている	생	[生]
비싸다	(値段が)高い	생신	お誕生日
비행기	[飛行機]	생일	誕生日
빌딩	ビル	샤프펜슬	シャープペンシル
빗	櫛	-서(-이서)	(人数を示す名詞につく)~で
빚	借金	서른	(固有語の)三十
빛	光	서울	ソウル
빠르다	速い	서점	[書店]/本屋
빨갛다	赤い	서쪽	西/西方
빨래	洗濯/洗い物	선물	贈り物/土産/プレゼント
빵	パン	선생님	[先生]—
뿌리	根/根っこ	선수	[選手]
		설명	[説明]
		설명회	[説明会]
ㅅ		성함	お名前
		세계	[世界]
사	[四]	세다	数える
사계	[四季]	세배	[歳拝]
사고	[事故]		年始周り/新年のあいさつ
사과	①リンゴ ②謝り/謝罪	세뱃돈	お年玉
사귀다	付き合う	셋	三つ
사다	買う	소	牛
사람	人	소나기	夕立/にわか雨
사랑	愛/恋	소리	音/声
사원	[社員]	소문	うわさ
사이	間/仲	소설	[小説]
사전	[辞典]/辞書	소주	焼酎
사진	[写真]	소포	[小包]
사회	[社会]	소풍	遠足/ピクニック
산	[山]	속	①内/中 ②腹具合 ③中身
살다	住む/暮らす/生きる	손	手
삼	[三]	손가락	指
상식	[常識]		
상징	[象徴]		

송이	①(花・雪などが一つの塊りを成している)房　②(固有語につく助数詞)本
쇼핑	ショッピング
수고	苦労
수도	[首都]/[水道]
수업	[授業]
수요일	[水曜日]
수첩	手帳
숙제	[宿題]
쉬다	休む
쉰	(固有語の)五十
쉽다	易しい
슈퍼마켓	スーパーマーケット
스물	(固有語の)二十
슬프다	悲しい
시	[時]
시간	[時間]
시계	[時計]
시다	酸っぱい
시대	[時代]
시원하다	涼しい
시작하다	はじめる/はじまる
시험	[試験]
식당	[食堂]
식사	[食事]
신문	[新聞]
신사	[紳士]
신호	[信号]
싣다	載せる/掲載する　'ㄷ' 不規則活用
실례	[失礼]
싫다	嫌だ/嫌いだ
십	[十]
싶다	(-고 싶다の形で)~(し)たい
싸다	安い
쌀	米

쌀쌀하다	肌寒い/冷たい
쓰기	書くこと/書き取り
쓰다	①書く ②使う ③(味が)苦い
쓰레기	ごみ
쓰이다	使われる
씨	[氏]
씻다	洗う

ㅇ

아까	先ほど/さっき
아니다	①違う ②(-가[이/는/은]の形で)아니다 ~ではない
아드님	ご子息
아들	息子
아래	下/もと
아르바이트	アルバイト
아름답다	美しい/きれいだ　'ㅂ' 不規則活用
아마	多分/おそらく
아무	誰/何の
아버지	お父さん/父
아우	弟/妹
아이	子供
아주	とても/たいへん
아주머니	おばさん
아직	まだ/いまだ
아침	朝
아파트	アパート
아프다	痛い/痛む
아홉	(固有語の)九
아흔	(固有語の)九十
안	①内/中 ②아니の縮約形 ~しない/~くない
안경	[眼鏡]
안녕	[安寧]/安泰
안녕하다	元気だ/つつがない

않다	(し)ない		여덟	八つ
알다	わかる/知る		여동생	妹
앞	(空間的に)前		여든	(固有語の)八十
약	①[薬] ②[約]		여름	夏
약국	[薬局]		여섯	六つ
약사	薬剤師		여자	[女子]/女の人
약속	[約束]		여학생	女子[学生]
양	①[量] ②[羊]		여행	[旅行]
양력	[陽暦]/新暦		역	[駅]
얕다	浅い		연구실	[研究室]
얘기	이야기의 縮約語		연락	[連絡]
어깨	肩		연세	お歳
어느	何/何の/どの		연필	[鉛筆]
어둡다	暗い 'ㅂ'不規則活用		연휴	[連休]
어디	どこ/どちら		열	①[熱] ②(固有語の)十
어떻다	どうだ		열다	開く/開ける
어렵다	難しい 'ㅂ'不規則活用		열심히	[熱心]に/一生懸命に
어른	大人/成人		열차	[列車]
어머니	お母さん/母		엽서	[葉書]
어서	速く/さあ		영	[零]
어제	昨日		영국	[英国]
어젯밤	夕べ		영어	[英語]
어쩌다	어찌하다の縮約形		영화	[映画]
어찌하다	どうする		영화관	[映画館]
억	[億]		옆	横/そば/隣
언니	(妹からみて)姉		예보	[予報]
언제	いつ		예쁘다	きれいだ/美しい/かわいい
얼굴	顔		예순	(固有語の)六十
얼마나/얼마쯤	どれくらい/いくらぐらい		예정	[予定]
얼마	いくら		옛날	昔
없다	いない/ない		오	[五]
에	～に/～へ/～で		오늘	今日
에게	(人間・動物を表す体言につく)～に		오다	来る/降る
에게서	(人を表す体言について)～から		오래간만	久しぶり/久々
에는	～には		오른쪽	右/右側
에서	(場所を示す)～で		오빠	(妹からみて)兄
여기	ここ		오이	キュウリ

오전	[午前]		은행원	[銀行員]
오후	[午後]		을	~を/~に
온	全部/全て/皆		읊다	詠む
올	올해の縮約形		음력	[陰暦]/旧暦
올해	今年		음식	食べ物
옷	[服]		음악	[音楽]
와	~と		의사	①[医師] ②[意思]
왜	何故/どうして		의자	[椅子]
외국어	[外国語]		이	①この ②이~が ③(数学の)二
외우다	覚える/暗記する		이다	~である
왼족	左/左側		이따가	後ほど/後で
요리	[料理]		이렇다	こうだ 'ㅎ'不規則活用
요리사	[料理師]/調理師		이름	名前
요일	[曜日]		이마	額
용	辰		이번	今度
용돈	小遣い		이사	引越し
우동	うどん		이야기	話/物語
우리	我々/私達		이유	[理由]
우산	傘		이탈리아	イタリア
우연히	[偶然]に		이해	[理解]
우유	[牛乳]		인사	①あいさつ ②[人事]
우체국	郵便局		인삼	(高麗) [人参]
우표	切手		인터넷	インターネット
운동	[運動]		일	①仕事/用事 ②日
울다	泣く			③一(いち)
울창	[鬱蒼]		일곱	七つ
웃다	笑う		일본	[日本]
원	(韓国の貨幣単位)ウォン		일어나다	起きる/起こる
원숭이	サル		일요일	[日曜日]
월	[月]		일찍	早く/早めに
월요일	[月曜日]		일한	[日韓]
위	上		일흔	(固有語の)七十
위조	[偽造]		읽기	読むこと/読み
위치	[位置]		읽다	読む
육	[六]		입	口
은	~は		입다	着る
은행	[銀行]		입사	[入社]

입학	[入学]
있다	いる/ある
잊히다	忘れられる
잎	葉っぱ

ㅈ

자가용	[自家用]/自家用車
자기	[自己]/自分
자다	寝る
자동차	[自動車]
자루	(固有語につく助数詞)鉛筆・銃など長いものを数える語：本
자리	席/座
자신	①[自身] ②[自信]
자유	[自由]
자전거	[自転車]
자주	度々/よく
작년	[昨年]
작다	小さい
작업	[作業]
잔	(固有語につく助数詞)酒・茶などを数える語：杯
잘	①よく ②(「~を」に付く形で)上手く(する)
잘하다	上手くやる/上手だ
잠깐	ちょっと/ちょっとの間
잠시	しばらくの間/ちょっとの間
잡담	[雑談]/私語
잡수시다	召し上がる
잡지	[雑誌]
장	(固有語につく助数詞)紙・ガラスなど薄く平たいものを数える語：枚
장소	[場所]
재미	樂しさ/面白さ

재작년	一昨年
저	①わたくし ②あの…
저고리	上着
저기	あそこ
저녁	夕方
저희	私ども
-적	「的」
적다	少ない
전	[前]/この前/以前
전공	[専攻]
전부	[全部]
전철	電車
전혀	全然
전화	[電話]
전화기	[電話機]
절	お辞儀
젊다	若い
점심	昼ご飯
정각	[定刻]
정도	[程度]
정말	まこと/本当
정문	[正門]
정보	[情報]
정상	[正常]/通常
제	①[第] ②저의の縮約語 ③(助詞 '가' の前に用いられて)わたくし
제목	[題目]/題名/タイトル
조	[兆]
조금	少し
조사	[調査]
조상	先祖/祖先
조선	[朝鮮]
조심	用心/注意
조용하다	静かだ
졸다	居眠りする
좁다	狭い

종이	紙
좋다	良い
좋아하다	好きだ
죄송하다	申し訳ない/恐縮だ
주	[週]
주다	あげる/やる/くれる
주말	[週末]
주무시다	お休みになる
주부	[主婦]
주유소	[注油所]/ガソリンスタンド
주의	[注意]/[主義]
주일	週間
주차	[駐車]
주차장	[駐車場]
준비	[準備]/支度
줄	ひも/ストラップ
중국	[中国]
중국어	[中国語]
중요	[重要]
중학생	[中学生]
쥐	ネズミ
즐겁다	樂しい `ㅂ`不規則活用
지각	[遅刻]
지금	今
지내다	過ごす/祝う
지도	[地図]
지우개	消しゴム
지진	[地震]
지키다	守る
지하	[地下]
지하철	[地下鉄]
진지	飯の敬語
질문	[質問]
집	家
집안	①身内/一族 ②家の中
짜다	しょっぱい
짧다	短い

| -쯤 | ~くらい/~ほど |
| 찍다 | つける/(写真を)撮る/(はんこなどを)押す |

ㅊ

차	[茶]/[車]/[差]
차다	①冷たい ②蹴る
차례	①順序/順番 ②[茶礼]旧暦の元旦や秋夕などにご先祖のため行う簡単な祭祀
참	まことに/本当に/とても
참석	[参席]/出席
창문	窓
책	本
책방	本屋/書店
책상	机
처럼	~のように/~ほどに
처음	はじめ/最初
천	[千]
천만	[千万]
청소	[清掃]/掃除
초등학생	小学生
최근	[最近]
최선	[最善]
추다	踊る
축하	[祝賀]/お祝い
춘하추동	[春夏秋冬]
출석	[出席]
출장	[出張]
춥다	寒い `ㅂ`不規則活用
취미	[趣味]
취직	[就職]
층	(建物の)階
치과	[歯科]
치다	①打つ ②(試験を)受ける
치마	スカート

친구	友達
친척	[親戚]
친하다	親しい
칠	[七]
칠판	黒板

ㅋ

카드	カード
카메라	カメラ
커피	コーヒー
커피숍	コーヒーショップ
컴퓨터	コンピュータ(ー)
켤레	(固有語につく助数詞)靴・靴下などの：足
코	鼻
코끼리	ゾウ
코트	コート
콜라	コーラ
콩	豆
크다	大きい/(背が)高い

ㅌ

타다	乗る
탈	仮面/お面
태국	[太国]/タイ
태도	[態度]
태풍	台風
택시	タクシー
텔레비전	テレビ
토끼	ウサギ
토요일	[土曜日]
토지	[土地]
퇴근	[退勤]/退社
특히	[特]に

ㅍ

파랗다	青い
파출소	[派出所]/交番
판문점	[板門店]
팔	①腕　②八
팔다	売る
편리	[便利]
편의점	コンビニ
편지	手紙
편지지	便箋
편하다	樂だ
포도	葡萄
표	[票]/切符
표지	表紙
풀다	①ほどく　②(問題を)解く
품질	[品質]
프랑스	フランス
피곤하다	疲れる
피우다	①(花を)さかせる ②(タバコを)吸う
피크닉	ピクニック
필리핀	フィリピン
필통	筆箱
PC(피시)방	ネットカフェ

ㅎ

하고	~と
하나	一つ
하늘	天/空
하다	する/~と思う/~という
하루	(固有語の)一日
하얗다	白い
학교	[学校]
학년	[学年]/~年生
학생	[学生]

학원	塾/予備校/スクール	호수	[湖水]/湖
한	①一つ ②同じ	호실	[号室]
한국	[韓国]	호텔	ホテル
한국어	[韓国語]	혼자	独り/一人
한글	ハングル	화분	植木鉢
한글날	ハングルの日 (ハングルの頒布記念日、10/9)	화요일	[火曜日]
		화장실	[化粧室]
한영	[韓英]	활동	[活動]
한일	[韓日]	회	[会]/(漢語につく助数詞) [回]
한테	(人や団体を表す体言について)~に/~のところに	회계	[会計]
		회사	[会社]
한테서	(人を表す体言について)~から	회사원	[会社員]
할머니	おばあさん	회의	[会議]
할아버지	おじいさん	회화	[会話]
핥다	なめる	휴가	[休暇]/休み
함께	一緒に/共に	휴게실	[休憩室]
합격	[合格]	휴대	[携帯]
해	①太陽/日 ②(固有語につく助数詞)年/とし	휴대폰	携帯電話
		휴지	①ちり紙 ②反故ほご
해돋이	日の出	휴지통	くずかご/くず入れ
해외	[海外]	힘들다	力が入る/難しい
핸드백	ハンドバッグ		
핸드폰	携帯電話		
햄버거	ハンバーガー		
햇볕	日/日光		
햇빛	日の光/日差し		
행운	[幸運]		
허리	腰		
헤어지다	別れる		
혈액	[血液]		
형	①(弟からみて)[兄] ②[形]/[型]/[刑]		
형광펜	[蛍光]ペン		
형용사	[形容詞]		
형제	[兄弟]		
호	[号]		
호랑이	トラ		

著　者_崔琼愛 (チェ・ギョンエ)
　　　　現在、東京国際大学韓国語講師/ 通・翻訳

イラスト_梁銀珠

스타트! 한국어 [改訂2版] STEP①

초판 발행일_2010년 3월 15일
2쇄 발행일_2017년 3월 20일

지은이_최경애
펴낸이_최길주
편　집_현유주
펴낸곳_도서출판 BG북갤러리
주소_서울시 영등포구 여의도동 14-5 아크로폴리스 405호
전화_02)761-7005(代) / 팩스_02)761-7995

정가 25,000원
ISBN 978-89-91177-95-6 13710

Start! 韓国語 [改訂2版] STEP①

2017年 3月 20日 再版発行

著　者_崔琼愛
発行者_崔吉柱
編　集_玄論妊
発行所_BGブックギャラリー
　　　　大韓民国ソウル市永登浦汝矣島洞14-5
　　　　Tel：02-761-7005 / Fax：02-761-7995
　　　　http://www.bookgallery.co.kr

¥3000E
定価 [本体　3000円 ＋ 税]